中学政治有效教学策略研究

褚福存　程彦奇　李　飞◎著

线装书局

图书在版编目（CIP）数据

中学政治有效教学策略研究/褚福存,程彦奇,李飞著. --北京:线装书局,2023.9
ISBN 978-7-5120-5668-8

Ⅰ.①中… Ⅱ.①褚… ②程… ③李… Ⅲ.①政治课—教学研究—中学 Ⅳ.①G633.202

中国国家版本馆 CIP 数据核字(2023)第 168885 号

中学政治有效教学策略研究
ZHONGXUE ZHENGZHI YOUXIAO JIAOXUE CELÜE YANJIU

作　　者：褚福存　程彦奇　李　飞
责任编辑：林　菲
出版发行：线装书局
地　址：北京市丰台区方庄日月天地大厦 B 座 17 层（100078）
电　话：010-58077126（发行部）010-58076938（总编室）
网　址：www.zgxzsj.com

线装书局官方微信

经　　销：新华书店
印　　制：北京四海锦诚印刷技术有限公司
开　　本：787mm×1092mm　1/16
印　　张：10.75
字　　数：208 千字
版　　次：2024年 4月第 1 版第 1 次印刷
定　　价：78.00 元

前 言

中学政治教育作为培养学生政治素养和国家公民意识的重要途径，在培养学生全面发展和积极参与社会的过程中起着不可替代的作用。在这一背景下，深入研究中学政治有效教学策略，探索适应学生发展需求和社会变革的新教学模式，对于提升政治教育的质量，培养具有创新意识和社会责任感的未来公民具有重要意义。

基于此，本书以中学政治有效教学为核心主题，分为两部分：初中政治有效教学及实践运用以及高中政治有效教学及实践运用。第一部分，探讨初中政治有效教学及实践运用，聚焦于初中阶段，首先研究初中的政治教学中的有效育人的融合向度，包括美育、劳动教育、集体主义教育在初中政治教学中有效融入；其次探讨初中政治教学方法的有效运用策略，包括初中政治教学中兴趣教学法、合作学习法、探究式教学的有效运用；最后，研究初中政治教学理论的实践应用，包括激励理论、时事热点、以人为本理论在初中政治教学中的实践应用。第二部分，高中政治有效教学及实践运用则关注于高中阶段，针对不同课堂和模式展开研究。首先，探究高中政治教学中模式的有效运用，包括翻转课堂、学案导学、PBL 教学模式的有效运用；然后，研究高中政治不同课堂的有效教学，包括高中政治试卷讲评课、活动型课堂、陈述性知识课堂的有效教学；最后，探讨高中政治教学方法的有效运用策略，包括案例教学法、问题教学法、情境教学法、分层教学法的有效运用。

本书从多个角度切入主题，详略得当，结构布局合理、严谨，语言准确，在有限的篇幅内，做到内容系统简明、概念清晰准确、文字通顺简练，形成一个完整、循序渐进、便于阅读与研究的文章体系。

笔者在本书的写作过程中，得到了许多专家学者的帮助和指导，在此表示诚挚的谢意。由于笔者水平有限，加之时间仓促，书中所涉及的内容难免有疏漏与不够严谨之处，希望各位读者多提宝贵意见，以待进一步修改，使之更加完善。

目　录

第一部分　初中政治有效教学及实践运用

第二部分　高中政治有效教学及实践运用

●第一部分

初中政治有效教学及实践运用

第一章　初中政治教学中的有效育人的融合向度

第一节　美育在初中政治教学中的有效融入

美育与“人”息息相关，与初中思想政治教育具有高度契合性，“道德与法治教育、美育作为我国教育的重要组成部分，二者在初中道德与法治教学中有着密不可分的联系”①。二者都是为了培养全面发展的人而开展的教育活动，并且在育人内容、育人方法上互融互通。所以，将美育融入初中思想政治教育，使二者之间相互促进、相互影响，对完成二者的教育目标，培养新时代高素质人才意义重大。

一、美育的基本认知

美育思想在人类文化史上已有数千年历史，我们的祖先通过舞蹈、绘画等活动进行审美教育。直到古希腊和我国先秦时期，开始出现具体的美学理论。

（一）美育的基本概念

第一，美育是感性教育。这种观点早在文艺复兴时期就诞生了，只有有感觉的主体才有对美色的喜悦，体现在教育上，便是主张与人的天性自然相适应的直观感性教育。到了18世纪，人们将美定义为“感性认识的科学”，认为审美教育就是引导和提高受教育者的情感，并最终转化为具有情感的审美情绪。将美学和美育的内涵落脚到了感性和人本身，理性与感性可以并存，逻辑与艺术也并不是对立的，这十分有助于打破将美育简单地总结为艺术或美术知识教育的思维误区。中国的美育传统观以儒学“文以载道”美育观为代表，也是借用“感性”的形式来实行道德教育的。将“文”比作车，用“文”载着儒家传统的

---

① 王红英．初中道德与法治与美育深度结合的实践［J］．亚太教育，2023（08）：181.

道德伦理观念，从感性入手，注重情感体验，通过“陶冶性情”“怡情养性”，潜移默化地形成良好的人格。

第二，美育是一种培养人性的方式。人的精神空虚就是对美的否定，而艺术家在创作过程中，将自我融入艺术之中，从而实现了“自我”与“他者”之间的交流，那么艺术家就要承担起美育的使命，拯救被时代异化的人的性命。道德是由人的自然本性所决定的，道德和自由无论谁占据上风，都不可能成为一个完整的人，美育本身是一种培养人性的过程。

综合考虑，美育应当是关注人的生存方式、生活方式以及全面发展的教育。利用自然美、社会美、艺术美等形式，培养受教者的情感和性情，将他们从物质发达、精神极度空虚的世界中解放出来，从而使身心发展更加完善，以培养出全面发展的人。

（二）美育的基本特征

人们对美的理解常常是，把美看成是一种感觉对象，而忽视了美的自身。对美育的客观性进行准确的剖析，可以帮助找到美育和初中思想政治教育的契合点。通过梳理美育的相关概念，可以从中推理出美育具有的三个特点，即感性、中介性和趣味性，具体如下

1. 感性

美育旨在保持人的感性自发性，保护人性的自由性和原创力，脱离感性的美育是无从谈起的，因此美育的第一个特征即“感性”。感性是与感知、知觉密不可分的一种主体经验，它建立在个体的生理基础上，来自人类的天性，强调人的个性和自由的生命力，通过对自然景观、社会行为、艺术品等等丰富具体的审美对象的个人直观感知，提升审美能力，激发情感共鸣。我们看到，审美教育往往从自然和艺术两个方面进行：一方面，通过自然形象的直观训练，使人的感性能力得到提高；另一方面，通过艺术形象的直观训练，使人在审美活动中得到更高层次上的精神陶冶。

除此之外，区别于理性教育，美育的感性教育还表现在“审美意识形态”当中。理性是对客观事物的本质规律的认识和把握，以理性主义为哲学指导思想，以科学理论作为其支柱。而美育没有被局限于规律、概念教育，还会在审美意识形态的教育中表现出来，对人们的人生观和道德观产生重大影响。两者都属于人类认知领域中最基本也最具普遍性的范畴。这种感性与理性的结合，促进了人的全面教育。

2. 中介性

当强调人的全面发展时，德育、智育、体育三者相对独立，而美育在独立发展的同时，也能通过其中介性的特质促进个体其他方面的发展，特别是德育的发展。运用艺术来实施

德育是一种十分普遍有效的做法，席勒曾提出，要实现对政治领域的改善，最好的方式是通过改善民众的美育习俗，使品行高尚化，最终达到政治上的道德标准。

3. 趣味性

“美”能给人以审美，而“趣味”则是生命的原动力。艺术的性质与功能在于用审美趣味还原人类审美本能从而保持与促进人的生活健康。美育的趣味性来源于它的形象性，它往往有特定、具体的审美对象，不需要过多的语言描述，受教育者就可以亲身感受。与书本理论知识相比，美育能够在教育过程中始终保持对受教育者的吸引力，让人们自发地参与其中，不受外部强制，还能促进受教育者的创新性思维发展。同时，美育也没有标准答案。同样是阅读《水浒传》，有的读者看到了反封建统治的波澜壮阔，有的读者看到了梁山好汉的义薄云天，往往是读者依据自身的个性、生活经历和审美能力来解读的。美育鼓励多样性，强调过程、自由、个性、探索和想象，从而形成了趣味性的特性。

但是，美育具有趣味性并不等于它没有严肃性，美育的独特性在于，其严肃的本质也是以趣味为载体的。教育是一门科学，但教育又是一门艺术，那么美育也应当是一门艺术，美育在今天已经发展到了一个前所未有的高度，但是仍然不能忽视它的艺术性和审美性。这就要求我们要用“感性”来激活“理性”，用“童趣”来唤起“学理”。丰富多彩的美育素材，教师幽默风趣的教学语言，都是为了让学生在轻松愉悦的氛围里学到知识。脱离主题、哗众取宠、故弄玄虚，这些不是趣味性，而是毒害学生心灵的腐蚀剂。

二、美育融入初中思想政治教育的策略

（一）加强初中思想政治教育对美育的关注度

探讨美育融入初中思想政治教育的对策，最重要的就是加强初中思想政治教育对美育的重视程度，首先，建立协同育人模式，推动初中思想政治教育革新；其次，加强对初中政治课教师的培训，教师是政治课的关键，更是美育融入初中思想政治教育的关键；最后，初中管理者要重视校园环境建设，营造浓郁的美育氛围。

1. 建立初中美育与思想政治教育协同育人模式

要想加强初中思想政治教育对美育的重视程度，就要建立美育与初中思想政治教育协同育人的模式，从顶层设计的角度指导和推进初中思想政治教育革新，实现思想政治育人目标。

（1）成立由校领导牵头的协同教育领导小组，研究制定协同教育行动计划和实施方案，明确指导思想、基本原则、总体目标、主要任务、工作要求和保障措施等，为有效推

进协同教育提供政策和组织保障。初中要将思想政治教育和美育教学纳入到教学质量评价体系中，确保思想政治教育与美育教学质量与学生的成长成才相适应。同时，初中要把协同教育作为培养高素质人才的重要途径，构建完善的协同教育保障体系，将思想政治教育与美育教学纳入到学校人才培养方案中，并将协同教育的实施成效纳入到教师年度考核中。

（2）建立完善的思想政治教育和美育教学的师资队伍。初中要把思想政治理论课教师和美育课程教师纳入到“双带头人”工作室和名师工作室中去，积极推进学科带头人、教学骨干、科研骨干等人才队伍建设。在职称评定、职务晋升等方面向思想政治理论课教师和美育课程教师倾斜，着力提升其业务水平。同时，初中要为思想政治理论课和美育课程教师开展科研提供条件保障，鼓励他们参与到教学研究中去，使思想政治理论课和美育课程教师在科研上有更多成果。

（3）建立健全协同教育的考核评价机制，将思想政治工作质量提升、艺术课程建设质量提升纳入到初中办学质量评估中去，作为对学校领导班子考核、教师年度考核、学生评教的重要依据。

2. 加强初中政治课教师审美素养培训

办好政治课的关键在教师，美育融入初中政治课教学工作的关键在于，提升政治课教师自身的审美素养。要选择恰当的途径和策略，鼓励引导教师不断提升自身美学素养。初中政治课教师可以参加相关的美育培训，以提高他们的审美能力和素养，还可以进行相应的技能培训，提高他们的教学水平和教学效果。

（1）美育要为社会主义建设服务，也要以中国特色社会主义理论为指导。初中政治课教师要坚定社会主义办学方向，保证自己的美育活动具有正确的方向性，让整个教学过程始终充满正能量，引导学生树立正确的审美观、明辨是非美丑善恶并能将正确的道德素养外化到日常行为中。

（2）提升个人美育素养，需要各级教育培训机构和学校担负起提高老师审美素养的主要职责，教师自己也要积极主动地进行一些提升审美素养的活动。例如，利用假期时间参加一些文艺培训，通过阅读相关的书籍，了解相关的美学理论知识和美育的基本原理和方法。可以参加一些专业讲座，开展学术交流活动，学习初中思想政治教育与美育融合的前沿理论和优秀经验，以拓宽学术视野。初中教师还可以在空闲时间多参加社会实践活动，参观一些文化古迹，如北京故宫、苏州园林、四川大熊猫栖息地等，参加一些文艺活动，如诗歌朗诵会、音乐会等。

（3）教师自身的形象、气质、情怀和修养也是教师审美素养的体现。初中政治课老师要热爱自己的职业，对自己的教育事业产生崇高感、自豪感，这是提高自己的审美素养、有效进行美育融入的最主要的情感基础。老师应该要形象得体，衣着朴素大方，要自尊自爱，要对生活充满热情，要在工作中爱岗敬业，要语言文明幽默，要举止优雅，要用自己的语言形象和个人魅力，去影响和教育学生，让学生们在老师身边潜移默化的受到美的熏陶。

3. 将美育与校园环境建设相结合

校园环境建设以其强大的精神陶冶功能、环境改造功能、美育功能等，成为美育与初中思想政治教育结合的重要内容。初中管理者应该高度重视校园环境建设，将资金向校园环境建设倾斜，营造浓郁的校园美育氛围。

将美育融入校园环境建设，具体可以分为两个方面，物质建设和文化建设，具体如下

（1）物质建设的营造主要依靠校园景观，包括建筑、自然景观和人文等三个方面，其中人文又常常隐藏在前两者之中。严肃性是校园建筑审美性的基础，但在满足规定之外，校园建筑应当具有多样性和艺术性，我国很多大学校园，尽管图书馆和教学楼都一应俱全，但外形大多和普通办公楼没有差别，显得僵硬、机械冰冷，缺乏情感和人文关怀。所以初中管理者在规划校园建筑时，可以考虑增加一些温度和情趣的布局，比如校园回廊。这些充满温情的布局可能会成为受教育者生命中最重要的审美情感时刻，融入到学生心灵中铭记终生。从校园自然景观的角度来看，美好的自然景观能提升学生的审美能力，具有洗涤人心的强大魔力。

如何通过景观建设来传承校园文化，使校园环境成为师生们喜爱的场所，需要初中管理者高度重视。校园人文很多时候以隐性的方式渗透在建筑和景观中，如石碑、塑像、涂鸦、砖瓦，都闪烁着时光淬炼的人文精神。被誉为中国最美大学厦门大学，出门就是白城沙滩，背后是松声呼啸的吴老峰，还面朝涛声起伏的鼓浪屿。历史底蕴深厚的中山大学，孙中山纪念铜像、乙丑进士牌坊、陈寅恪故居、十八先贤铜像，在感悟厚重历史的同时，体悟中山大学的文化精神。在一座风景优美的学校中度过人生最美好的青春，绝对是铭记一生的美好记忆。

（2）文化建设的一个重要表达形式是校风建设，它体现了校园的精神风貌、信念和传统。健康、积极进取的校风建设，有助于营造一个和谐、向上的育人氛围，能促进学生养成积极向上的学习心态和行为习惯。校风最鲜明的表现在校训中，各个学校都有自己独特的历史和内涵，酝酿了不同的办学理念和治校精神。

（二）美育与初中思想政治教育理论课相融合

将美育融入初中思想政治理论课，将以美育德与以美育人高度融合，有助于提升课程教学的活力、亲和力和感染力，满足学生成长成才需求。具体来说，美育融入初中思想政

治教育理论课，包括将美育资源融入初中思想政治教学内容中，提升初中思想政治教育过程中的情感共鸣，充分运用信息技术平台提升教学审美。

1. 美育资源与初中思想政治教育教学内容相融合

要将美育资源融入到初中思想政治教育教学内容中，提升思想政治教育内容的审美价值，就是把自然、社会和艺术中的美融入教育内容。自然界是一个充满活力的世界，五彩缤纷，蕴藏着自然的法则和宇宙的奥秘。每个人都有对大自然的向往之情。在思想政治教育中，融入自然之美，不仅可以拓宽学生的视野，增加知识，还能激发他们的智慧和想象力，丰富和提升初中学生的精神境界，拓展他们的心灵；社会现象的美包含着社会发展的本质规律，体现人的理想愿望、给人以精神愉悦的社会生活现象。社会美是一种社会存在，随着社会实践和发展的变化，社会美也发生了变化，它体现了历史变迁中人们审美观念的变化。在思想政治教育中，融入社会美，不仅可以让学生体悟社会发展变迁，也能增强对社会的热爱和自信；艺术本身就是美，在思想政治教育中融入艺术美，利用文学、音乐等丰富内容，通过艺术欣赏，让初中学生潜移默化地提升素养，同时也给学生带来审美上的愉悦。

地方文化也是宝贵的美育资源。中国地方文化众多，如齐鲁文化、中州文化、燕赵文化、荆楚文化等，这些文化载体扎根地方，随着地域不同有着明显的不同。因为地方特色是一个地区的重要特征，也是当地发展优势，这种立足于地方文化的教育较容易引发学生发自内心的自豪。初中思政教育工作者可以充分挖掘传统文化与地方文化中的美育资源，比如可以邀请地方艺术技艺传承人来课堂上展示自己的绝活，这些地方特色艺术传承者对地方文化的讲解也能很好地带动学生对祖国的热爱之情。还有民族服饰、民族戏剧、曲艺、国画、书法等，这些传统文化在具有极高的审美价值的同时，还具有极高的隐性思想政治教育功能。在学生沉浸在丰富多彩的中国传统文化中时，还能深刻体会到中国历久弥新的民族精神。

为了让学生更好地体验中国传统文化，可以在课堂上安排一些适合学生参与的传统文化展示如皮影戏、京剧、武术等。这些展示可以增强学生对民族文化和精神的理解和认同。

2. 提高初中思想政治教育教学过程中的情感共鸣

思想政治理论课是一门实践性很强的课程，教师除了需要有正确的理论知识外，还需要有丰富的教育实践经验。因此，教师要想实现“传道、授业、解惑”的教学目标，必须将理论与实践相结合，注重情感因素在教学过程中的运用，提高教学过程中的情感共鸣。

（1）用美的语言，讲好中国故事。语言是思想的直接反映，人们通常是通过语言来把握世界。要在初中思想政治教育教学过程中，用生动形象的语言把中国故事讲好，让学生感受到中国文化的独特魅力和对世界的影响。讲好中国共产党故事、中国特色社会主义故事、改革开放故事、中华民族伟大复兴故事，让世界更好了解中国。要善于运用历史与现实、理论与实践、国内与国际相结合的方法，讲好中国故事，这就要求初中思想政治教育工作者要把中华优秀传统文化讲得更活，使学生更有获得感；同时，还要把“四个自信”讲得更有底气，使学生具有坚定的民族文化自信和民族情感认同。

（2）用美的情感，增强课堂感染力。情感是人的需要所引起的内心体验，是思想感情发展过程中的一种心理倾向和心理活动。作为初中思想政治教育工作者，要善于运用美的情感，提升课堂感染力，激发学生内心强烈的情感共鸣。课堂教学是师生互动交流的过程，学生是教学活动的主体，学生只有对教师所讲内容产生情感上的共鸣，才能对所学内容产生积极主动学习的愿望。因此，教师要善于激发学生学习兴趣，增强教学感染力。要在教学过程中不断地引导学生用语言来表达对教师所讲内容的理解和感受，使学生积极主动参与到思想政治理论课课堂教学中来。

在课堂教学中，学习氛围是影响学生学习的重要因素，让学生在轻松、愉悦的氛围中学习知识，可以激发学生的学习兴趣。因此，教师在教学中要努力为学生营造一个轻松、愉快的学习氛围，使学生在这种氛围中学习知识，从而让学生产生浓厚的学习兴趣。要做到这一点，教学方式一定要灵活多变，如利用小组舞台剧、演唱红色歌曲、播放影视作品等方式，抓住学生心理，在模拟情境中更好的体悟所学知识。在课堂教学中，师生间还一定要有互动，才能让课堂气氛活跃起来。可以通过角色扮演、做游戏等形式来调动学生学习的积极性，还可以通过提问等方式来激活学生思维，通过音乐、绘画等形式来激发学生学习兴趣。因此，教师要精心设计课堂教学情境，营造学习氛围，努力提高课堂教学过程中的情感共鸣。

3. 充分运用信息技术平台提升教学审美

网络信息技术平台可以创造更加生动活泼的学习环境，能为教师和学生提供更丰富的审美教育资源，从而提高初中思想政治教育教学的审美。在信息时代，信息技术和教学深度融合是未来教育发展的必然趋势。

（1）通过使用信息技术，教师可以更好地利用网络上的美育资源，将美育融入思政教学，更好地讲解课程内容。可以建立一个以思想政治教育为特色的网络平台，对美育资源进行分类整合，实时更新特定专题的信息，美育课件库不断积累，向公众提供丰富的信息资源供教学使用。

（2）信息技术还可以提供交互式学习体验，让学生在课堂上与教师互动，教师可以将混合式教学、翻转课堂等多种教学方式结合起来，利用智慧校园平台、学习通信软件等进行教学，或是引进雨课堂、MOOC 等，构建现代课堂，让课堂更加生动，引起学生的关注，增强学生的学习效率，将初中思想政治从“一言堂”的教学方式转变为多方面协作，加深教学情感共鸣，让学生真正理解和信任教学内容。

（3）信息技术可以帮助学生更好地理解和学习课程知识。信息技术可以提供更加丰富和多样化的资源和工具，例如和教学内容相匹配的图象、影视等等，通过使用信息技术，学生可以更好地理解课堂上的知识，并在课后进行巩固和复习。信息技术还可以促进学生的个性化学习，通过使用信息技术，学生可以更加便捷地选择自己的学习方式和资源，并在学习过程中得到更多的支持和帮助。同时，信息技术也可以帮助教师更好地了解学生的需求和学习情况，更加个性化地进行教学。

随着互联网和移动互联网的发展，年轻人对计算机的使用更加熟练，在网络中的个性表达更加直接，信息获取更快，政治参与也更加活跃。新时代思想政治教育应当把握信息传播和互动的新趋势，充分利用网络技术平台的优势，利用微传播手段，以文、图、声、像等多种方式传播思想政治教育内容，用丰富的网络美育资源提升思想政治教育的吸引力和影响力。

第二节　劳动教育在初中政治教学中的有效融入

一、劳动与劳动教育的基本认知

新时代，人类劳动的形态已经发生了巨大的变化。虽然随着人工智能时代的到来，大部分可以自动化的机械性劳动都可以被替代，但是在新时代，体力劳动仍然是不可或缺的。体力劳动仍然是人们维持日常生活所必备的一种基本能力，体力劳动在培养我们的好奇心、想象力和批判性思维方面的作用是不可替代的。

新时代重提劳动教育是对劳动教育的认识回归本质。高等院校的学生应该把技能与劳动精神、工匠精神、劳模精神、职业精神相结合、社会实践与责任担当相结合，立志成长为一名爱劳动、会劳动、会感恩、会助人的德智体美劳全面发展的社会主义建设者和接班人。“随着《义务教育劳动课程标准（2022年版）》的发布，劳动教育受到重点关注。道德与法治作为落实劳动教育的重要课程，对于开发劳动教育体系具有重要作用。”[①]

① 刘小菁，贾华荣．劳动教育体系的多维开发［J］．中学政治教学参考，2023（2）：71.

（一）劳动的内涵

劳动是人类社会存在和发展的最基本的条件，劳动在人类形成过程中，起了决定性的作用。劳动是人类的本质特征，社会上一切的物质财富与精神财富都来源于劳动，没有劳动，就没有人类的生活。

1. 劳动的定义

劳动是人类社会中一项至关重要的活动，它涵盖了个体或集体通过付出体力、智力和技能以创造价值的各种努力。劳动既是一种生存手段，也是一种发展和实现自我价值的途径。

从人类历史的角度来看，劳动一直是人们生活的基础。劳动不仅仅是为了满足物质上的需要，它还具有重要的社会和心理层面的意义。通过劳动，人们建立起社会联系，形成互相依赖的关系网络。劳动使个体融入社会，参与社会分工，为社会的繁荣和发展做出贡献。

劳动还是实现个人自我价值和成就感的重要途径。通过劳动，人们能够发挥自己的才能和技能，不断提升自己的能力，并在工作中体验到成就感和满足感。劳动可以激发人们的创造力和创新能力，推动社会的进步和发展。

劳动是人类社会不可或缺的一部分，它是个体和社会生活的基石，是实现个人和社会发展的重要途径。劳动不仅满足了物质需求，还赋予了人们社会联系、自我价值和成就感。随着社会的变革和个人的追求，劳动的形式和意义也在不断演变。无论形式如何改变，劳动的核心价值始终是为了人类社会的繁荣和人们的幸福生活。

2. 劳动的特征

劳动具有生产商品的具体劳动和抽象劳动的双重属性。具体劳动是指生产目的、劳动对象、所用工具、操作方法、生产结果都各不相同的劳动，具体劳动生产了商品的使用价值。抽象劳动是指无差别的一般人类劳动，抽象劳动生产商品的价值。

具体劳动和抽象劳动是同一劳动过程形成的相互联系又对立的两个方面。具体劳动创造商品的使用价值，它反映人和自然的关系，是劳动的自然属性。抽象劳动创造商品的价值（交换价值），它是价值的实体，代表的是社会成员通过交换相互支配对方劳动的社会关系，抽象劳动的凝结，形成商品的价值。

自觉性、目的性和创造性是人类劳动的本质特征。劳动是有明确目的地改造自然的自觉活动。劳动必须创造并使用一定的物质手段，主要是劳动工具。劳动的对象具有广泛性，是以人类自身为主体改造整个世界并创造人化世界。衡量人类劳动的尺度具有多维性，包括真理尺度、价值尺度和审美尺度，即真、善、美的统一。

3. 劳动的指标

劳动指标是用劳动单位计量的总量指标，具有一定的综合能力。它们都旨在提供一个可衡量和比较的标准，以评估劳动力的工作表现和生产效果，主要包括：①产量，通过追踪和比较产量数据，企业可以评估生产效率的高低，以及劳动力的工作绩效；②效率，高效率意味着以更少的资源和时间完成更多的工作，从而提高生产效率和效益；③质量，通过关注和改善质量指标，企业可以提高产品的竞争力和顾客满意度；④生产成本，通过监控和管理生产成本，企业可以控制成本，提高生产效率和利润率；⑤劳动力利用率是衡量单位时间内劳动力参与工作的比例的指标，高劳动力利用率可以提高生产效率和工作绩效；⑥缺勤率，通过管理和降低缺勤率，企业可以提升工作纪律和工作积极性。

总量指标按计量单位的不同，分为实物指标、价值指标和劳动指标。劳动时间、劳动总产量、劳动生产率、劳动总价值等常用作统计和比较的指标。

企业在运营管理中会制定比较完善的劳动评价指标体系，对劳动者的效率和质量进行衡量，判断劳动者创造的价值多少，以此作为劳动报酬水平。这些劳动指标可以帮助企业或组织评估和改进劳动力的表现、生产效率和工作质量，从而提高整体的业绩和竞争力。通过监控和分析这些指标，企业可以制定相应的策略和措施，以优化劳动力的利用、提高生产效率，并在市场中取得竞争优势。

4. 劳动的类型

劳动可以按照不同的标准进行分类。例如：①按照工作的性质和类型，劳动可以分为体力劳动和脑力劳动；②按照行业领域，劳动可以分为农业劳动、工业劳动、服务业劳动等；③按照劳动的经济属性，劳动可以分为有偿劳动和非有偿劳动；④劳动还可以根据技能水平、合同形式、工作时间等进行分类。

无论劳动属于哪种分类，它都是社会发展和个体成长的重要组成部分。劳动不仅为人们提供生计和实现个人价值的机会，还推动着社会的进步和繁荣。在不断变化的时代背景下，对不同类型劳动的需求和认知也在不断演进，为劳动者提供了更多选择和发展的空间。

（二）劳动的价值与作用

劳动是创造物质世界和人类历史的根本动力，是一切社会财富的源泉，劳动价值是由人类自身机体所产生的，是人的劳动能力的价值体现，是由人在劳动过程中所释放出来的。

1. 劳动的价值

教育是培养人的活动，产生于人类生产劳动过程中，为促进人的发展和社会的进步而存在的新时代劳动教育既具有核心而重要的育人价值，又具有特别的社会价值。加强劳动教育，既是学生健康成长、实现德智体美劳全面发展的内在需要，也是培养促进社会发展进步的高素质劳动人才的时代需要。

（1）社会价值。新时代国家富强、民族振兴、人民幸福的伟大梦想的实现，需要凝聚广大青年学生的奋斗力量。学生作为祖国未来社会主义事业建设的新生后备力量，肩负着光荣的使命，被社会给予了厚望。加强学生劳动教育，有助于传承中华民族勤劳的传统美德，营造尊崇劳动的社会氛围和精益求精的敬业风气，培养具有实干精神的新时代劳动者，为中国梦的实现凝聚多方面的强大正能量。

传承中华民族勤劳的传统美德兴家靠勤劳，富国靠勤劳，勤劳是中华民族宝贵的精神品格。中华儿女一直秉承着热爱劳动的美德，爱劳动是中华儿女永恒的传统。国家的富强繁荣、社会的发展进步、人民的幸福生活，无一不是人民用勤劳的双手创造出来的。

今天我们对成长于物质富裕时代的学生进行劳动教育，有助于培养他们热爱劳动的真挚情感、辛勤劳动的美好品德，自觉将中华民族勤劳的传统美德传承下去，从而为培养新时代高素质劳动者提供道德力量支撑。

（2）营造社会氛围和敬业风气。中国梦是每一个人的梦，需要每一个人锲而不舍的艰苦奋斗。要让每一位劳动者饱含劳动热情和劳动精神，积极投身到社会主义现代化强国的建设中去，让每一位劳动者都能受到尊重、受到关怀，从而激发并维持他们的劳动热情和更多的劳动潜能，为社会发展提供精神支撑和人才保障。

加强学生劳动教育，能让广大学生深刻认识劳动的价值，懂得劳动的伟大、劳动的光荣，学会尊重劳动、崇尚劳动，形成积极的劳动态度、强烈的劳动情感和深厚的劳动情怀，有助于广大学生将劳模精神和工匠精神作为人生道路上奋力拼搏、勇敢前行的精神财富和精神动力，使其懂得热爱每一份职业，对待工作能做到勤勤恳恳、踔厉奋发。由此带动全社会形成劳动光荣、劳动幸福的文明风尚，带动所有劳动者形成精益求精的敬业风气，从而用全社会劳动者的辛勤劳动托起中国梦。

（3）培养具有实干精神的新时代劳动者。劳动教育则是培养具有勤劳实干精神的新时代劳动者的重要举措。实干是实现中国梦伟大事业的根本路径，全体劳动者唯有真干、实干才能实现中国强起来、富起来的伟大目标。为实现学生全面发展增添助力教育包含“教”和“育”两个方面，并不是单纯的知识与技能的灌输，而是包含知识、情感、意志等因素全面发展的全人格教育。

教育的本质是培养人格健全和全面发展的人，而劳动教育则是全人格教育的重要部分。劳动教育由于其独特的育人价值成为我国教育体系的重要组成部分，是德智体美融入实践的重要连接纽带。加强劳动教育既是学生实现自由全面和谐发展和实现人生价值的内在需要，也是学生成为未来社会主义现代化强国建设的有理想、有才干、有本领的高素质劳动者的时代诉求。

2. 劳动的作用

（1）劳动推动了人类发展，主要体现在：①劳动是人类文明的基石，劳动创造了人类的存在和进步；②劳动创造了人类的物质生活；③劳动也创造了人类的知识和智慧；④劳动创造了人类的社会联系和团结；⑤劳动创造了人类的自我实现和成就感；⑥劳动是人类文明的根基和动力，劳动创造了人类的物质生活、知识智慧、社会联系和自我实现。

（2）劳动开发了思维。人类的思维活动离不开实践活动，而智力的核心是思维能力。实践活动既有学习活动，又有创造活动，而劳动兼有学习与创造这两个功能。在劳动中，学生需要不断地思考、分析和创新。他们需要将抽象的知识与具体的实践相结合，通过实践来验证和巩固自己所学的知识。

（3）劳动培养吃苦耐劳精神。劳动是培养吃苦耐劳精神的重要途径，主要包括：①劳动培养了毅力和坚韧性；②劳动培养了团队合作精神；③劳动还可以培养责任心和自律性；④吃苦耐劳精神对于个人的成长和社会的发展都至关重要。

（4）劳动培养责任意识。劳动教育是培养责任意识的有效途径之一，主要包括：①劳动培养了我们的自我约束和自律性；②劳动培养了我们的团队合作意识；③劳动还培养了我们的问题解决能力和适应能力；④责任意识对于个人的成长和社会的发展都具有重要意义。

（5）劳动培养劳动价值观。思想决定行动，树立什么样的劳动价值观很重要，这将直接影响人们对劳动的态度和行为。教育的本质是培养人，从人的发展视角来看，其根本目的就是全面提高劳动者的素质，为了实现这一目的，每个人必须克服轻视劳动教育的观念，把劳动教育提高到全面贯彻教育方针的高度来认识。

（6）劳动是个人和家庭幸福的源泉。幸福是个人由于理想的实现或接近而引起的一种内心满足。追求幸福是人们的普遍愿望。幸福不仅包括物质生活，也包括精神生活；幸福不仅在于享受，也在于劳动和创造。在科学技术日新月异的未来社会，学生必须具备多方面、多层次的劳动能力和勤奋工作的态度。

（三）劳动教育的目的

劳动教育的目的是培养学生全面发展，使他们在个人成长和社会发展中发挥积极作用。劳动教育旨在通过劳动教育旨在通过实践，使学生掌握实践技能和技术能力，培养劳动意识和价值观，发展创新思维和解决问题的能力，促进团队合作和沟通能力，以及培养责任感和自律能力。

1. 提升实践技能和技术水平

劳动教育的一个重要目的是培养学生的实践技能和技术能力。在劳动实践中，学生通过亲身参与各种实际操作和实践活动，如手工制作、农业种植、工业操作等，掌握和提高各种实际动手能力。这些实践技能和技术能力将为学生的职业发展奠定坚实基础。

在劳动教育中，学生将学习使用各种工具和设备，熟悉操作规程和安全措施，掌握基本的手工技艺和实际操作技能。例如，学生可以学习木工、电子、机械、焊接等技术，培养细致的观察力、灵巧的操作能力和问题解决的能力。通过实际操作的训练，学生能够逐步提高技术水平，掌握并应用各种实践技能。

此外，劳动教育也涉及农业方面的实践技能。学生可以学习农作物种植、养殖、园艺等农业技术，了解农业生产的基本原理和技术要求。通过参与农业实践，学生能够培养对自然环境的观察和理解能力，掌握农业生产的实际技能，如土壤管理、种植技术、农产品加工等。这些技能对于学生理解和尊重农业劳动的重要性具有重要意义。

劳动教育通过培养实践技能和技术能力，帮助学生建立实际动手能力的基础，为他们的职业发展提供有力支持。

2. 加强劳动意识和价值观培养

（1）强调劳动的尊严和价值。劳动教育是一种重要的教育形式，它通过实践让学生亲身体验到劳动的过程和成果。学生亲自动手，参与工作，从中体会到工作的辛苦、耐心和坚持，通过这种方式培养了对劳动的尊重和理解。劳动教育不仅仅是一种教学手段，更是一种价值观的培养，它通过让学生亲身参与劳动，让他们认识到每个人的劳动都是社会发展和进步的重要贡献。

在劳动教育中，学生通过亲自动手，可以体验到各种各样的工作。无论是农田里的耕种，工厂里的生产，还是家庭中的日常家务，这些活动都让学生们深刻感受到劳动所带来的辛苦和付出。他们需要耗费体力和精力，在劳动中经历磨炼和挑战。然而，正是这些困难和挑战，让他们更加珍惜劳动的价值。他们明白，劳动不仅仅是简单的付出和获得，更是一种精神的追求和人生态度。

通过劳动教育，学生也能够认识到劳动的社会意义。他们了解到每个人的劳动都是社会发展和进步的重要贡献。无论是生产者还是服务者，每个人的努力都构成了社会的基石。劳动教育使学生明白，没有劳动就没有社会的繁荣和进步。每个人的努力都是不可或缺的，无论其规模大小。在这个过程中，学生会逐渐形成对劳动的价值的正确认知，他们将珍视自己的劳动，并尊重他人的劳动。

劳动教育还能够培养学生的动手能力和实践能力。通过亲身参与劳动，学生们不仅仅是被动地接受知识，而是主动地运用知识和技能进行实践。他们需要动手解决问题，面对挑战，培养解决实际问题的能力。这种实践性的教育不仅提高了学生们的动手能力，还锻炼了他们的创新思维和团队合作能力。

此外，劳动教育还能够培养学生的自我管理能力和责任意识。在劳动中，学生们需要按时完成任务，保持工作的秩序和效率，这要求他们具备自我管理的能力。同时，他们还需要对自己的工作负责，确保工作的质量和效果，这培养了他们的责任意识和自我要求。

劳动教育也有助于学生们形成良好的生活习惯和健康意识。通过参与各种劳动活动，学生们会养成良好的作息时间、饮食和卫生习惯。他们会意识到劳动对身体健康的重要性，从而培养出关注健康的意识和行为。

总而言之，劳动教育强调劳动的尊严和价值，通过实践让学生亲身体验到劳动的过程和成果。这种教育形式培养了学生对劳动的尊重和理解，使他们认识到每个人的劳动都是社会发展和进步的重要贡献。同时，劳动教育也培养了学生的动手能力、实践能力、自我管理能力和责任意识，帮助他们形成良好的生活习惯和健康意识。劳动教育的价值在于培养学生全面发展所需的素质，为他们的未来发展打下坚实的基础。

（2）培养劳动乐趣和自觉性。培养劳动乐趣和自觉性是劳动教育的重要目标之一。通过提供有意义的实践活动，劳动教育可以激发学生对劳动的兴趣和热情，帮助他们逐渐培养出对劳动的乐趣和自觉性。这样的教育方式能够让学生在实践中获得成就感和满足感，同时也让他们意识到通过努力工作可以获得成功，并愿意主动参与劳动活动。

在劳动教育中，有意义的实践活动是关键。这些活动应该与学生的生活经验和兴趣相关，能够让他们亲身参与并感受到劳动的价值和意义。例如，学生可以参与校园园艺活动，种植和护理花草；参与社区服务项目，为弱势群体提供帮助；参与手工制作、家政等实践性的活动，培养实际操作的能力和技巧。通过这些活动，学生能够亲身体验到劳动的过程和结果，从而增加对劳动的兴趣和认同。

在实践活动中，学生获得成就感和满足感对于培养劳动乐趣和自觉性至关重要。教育者可以设定合适的目标和挑战，让学生在完成任务时感到自豪和满足。同时，及时的认可和肯定也是非常重要的，可以鼓励学生继续努力并相信自己的能力。例如，当学生在园艺活动中成功种植出美丽的花朵时，教育者可以给予赞扬和鼓励，让学生意识到自己的努力和付出得到了回报，从而激发他们的乐趣和自觉性。

劳动教育还应该注重培养学生的自主性和责任感。学生需要意识到自己在劳动中的重要性和影响力，明白自己的劳动不仅仅是完成任务，更是对自己和他人负责的表现。教育者可以通过鼓励学生主动参与决策、安排和组织劳动活动，培养他们的领导能力和自主性。此外，教育者还可以引导学生思考劳动的意义和价值，让他们明白劳动是社会发展和个人成长的基础，从而激发他们对劳动的自觉性和责任感。

（3）培养团队合作和责任感。劳动教育是培养学生劳动观念和价值观的重要途径之一，它涉及各种团队合作的活动，要求学生与他人紧密合作，共同完成任务。通过这个过程，学生可以学会互相协作、分享工作和责任，培养团队合作和责任感。同时，他们也能够认识到劳动不仅关乎个人，也关乎团队和社会的利益，从而形成对团队合作和社会责任的价值观。

在劳动教育的实践中，学生通常需要组成小组或团队，共同完成一项任务或项目。这个过程中，学生们需要协调彼此的想法和行动，明确分工和责任，并积极地合作完成任务。通过与他人合作，学生们能够互相倾听和尊重彼此的意见，学会有效地沟通和解决问题。他们会意识到每个人的贡献都是团队成功的一部分，因此会更加重视分享工作和责任。

团队合作不仅仅是完成任务的手段，更是培养学生团队合作和责任感的重要途径。在团队合作中，学生们需要相互支持、互相信任，并尊重每个人的才能和贡献。通过共同努力，他们能够取得更好的成果，同时也能培养学生团队合作能力以及对集体利益的关注。

此外，劳动教育还能够帮助学生认识到劳动不仅仅关乎个人的成就和利益，也关乎团队和社会的利益。通过团队合作的实践，学生们能够意识到每个人的工作都是为了实现共同的目标和利益，而不仅仅是个人的满足。他们会意识到自己的努力和贡献可以对团队和社会产生积极的影响，从而培养起对团队合作和社会责任的价值观。

劳动教育的目的是培养学生全面发展的能力，其中团队合作和责任感是重要的方面。通过团队合作的活动，学生们能够锻炼自己的沟通、合作和解决问题的能力，培养团队合作和责任感。这些能力和价值观不仅在学校中有用，也在今后的工作和生活中起到重要作用。

（4）培养节约和勤俭意识。劳动教育在培养学生的节约和勤俭意识方面发挥着重要的作用。通过实践活动，学生能够亲身体验到资源的有限性和珍贵性，从而培养出珍惜和节约资源的习惯。他们意识到勤俭节约不仅是一种美德，而且对个人、社会和环境都具有益处，因此形成了节约和勤俭的价值观。

通过参与各种劳动活动，学生能够切身感受到劳动的辛苦和付出的价值。在这个过程中，他们也会深刻认识到资源的稀缺性，明白资源是有限的，不可浪费。他们通过亲自动手，亲眼见证了劳动的成果，进而培养起珍惜和节约资源的观念。

在劳动实践中，学生不仅可以学到专业知识和技能，还能了解到社会的资源分配和利用问题。他们将学到的知识和技能应用于实际生活中，学会了如何在有限资源下进行合理分配和使用。他们明白，如果每个人都能够从小事做起，节约资源、勤俭节约，那么整个社会的资源利用效率将会得到提高，环境也会得到更好的保护。

节约和勤俭意识的培养不仅对个人有益，也对社会和环境都有着重要的积极影响。对个人来说，节约意味着更好地管理和规划个人资源，能够更有效地利用有限的时间和金钱。勤俭意味着培养出吃苦耐劳的品质，从而增强了个人的毅力和奋斗精神。这些品质将使个人更有竞争力，在未来的学习和工作中取得更好的成就。

对于社会来说，节约和勤俭是一种宝贵的品质。当每个人都具备了节约和勤俭的意识，社会资源的浪费将会减少，资源的分配将更加公平合理。这将有助于缓解资源短缺问题，提高社会的可持续发展能力。此外，勤俭节约的品质还能够促进社会的经济繁荣和稳定，激发人们的创造力和创新精神。

环境保护也是节约和勤俭的重要方面。当每个人都有节约资源的观念，能够减少浪费和污染，就能够有效地保护环境。通过减少能源消耗、垃圾产生和水资源浪费，我们可以共同建设一个更加美好的地球家园。学生通过实践体验，深刻认识到资源的有限性和环境的脆弱性，从而形成了保护环境的责任感和意识。

（5）培养自我管理和自主学习能力。劳动教育在学生中培养自我管理和自主学习能力方面具有重要作用。它不仅仅是教授学生如何完成具体的劳动任务，更是通过实践和体验，引导学生学会自我规划和组织劳动活动的能力。这种能力对学生的个人成长和发展具有深远的意义。

第一，劳动教育通过时间管理的实践让学生学会合理安排时间。在劳动活动中，学生需要根据任务的紧急程度和重要性来确定工作的优先级，并制订相应的计划。这要求学生具备对时间的敏感性和合理分配资源的能力。通过长期的实践，学生逐渐掌握了如何有效利用时间的技巧，从而使他们能够高效地完成任务，并更好地平衡学习与其他活动的关系。

第二，劳动教育培养了学生的任务分配能力。在团队劳动中，学生需要与他人合作，分工协作完成任务。这要求学生具备良好的沟通能力和团队合作精神。通过与他人合作解决问题和分配任务，学生学会了如何根据个人的特长和兴趣，将任务合理分配给团队成员，最大限度地发挥每个人的优势。这不仅培养了学生的责任心和协作能力，还提高了他们解决问题的能力和组织能力。

第三，劳动教育通过目标设定的实践培养了学生的自主学习能力。在劳动活动中，学生需要根据任务要求设定明确的目标，并制定相应的计划和策略来达到这些目标。这培养了学生的目标意识和追求卓越的精神。通过不断实践和反思，学生能够发现自身的不足并加以改进，逐渐提高自己的技能水平。这种自主学习的过程让学生体验到了自我成长和进步的喜悦，激发了他们追求知识和技能的内在动力。

3. 发展创新思维和解决问题的能力

（1）培养创新性思维。劳动教育提供了一个实践场所，让学生面对各种问题和挑战。在这个过程中，学生需要运用创新性思维，思考并提出创新的解决方案。

学生需要充分发挥创新性思维，提出独特的解决方案。可以从已有的知识和经验中获得启发，同时也需要勇于尝试新的想法和方法。这种创新性思维的运用不仅有助于解决具体问题，还能培养学生的创新能力和团队合作精神。

劳动教育为学生提供了一个锻炼创新性思维的实践平台。通过面对各种问题和挑战，并提出创新的解决方案，学生可以培养出独立思考和解决问题的能力，为未来的发展打下坚实的基础。

（2）鼓励尝试和失败。劳动教育鼓励学生积极尝试新的方法和创意，并接受失败的可能性。这种教育理念培养了学生的勇气和毅力，使他们更有可能在未来的创新过程中持续尝试和改进。

尝试新的方法和创意是培养创造力和创新能力的重要一环。劳动教育提供了一个安全的环境，鼓励学生在实践中大胆尝试自己的想法。学生们被鼓励思考问题的不同角度，并提出独特的解决方案。他们可以运用创新性思维，尝试新的方法和技术，以寻找更好的解决方案。

然而，劳动教育也认识到失败是成功之母的重要性。学生们被鼓励接受失败，并从失败中吸取教训。他们学会从失败中分析原因，找到改进的方向。这种经验培养了学生的韧性和毅力，使他们能够在面对挫折时不气馁，继续努力追求创新。

鼓励尝试和失败的劳动教育还促进了学生的自信心和自主性。学生们学会相信自己的能力，敢于表达和实施自己的想法。他们在团队合作中互相支持和激励，形成了积极的学习氛围。这样的教育环境鼓励学生不断尝试，克服困难，并为未来的创新和发展奠定了坚实的基础。

（3）跨学科整合。劳动教育促使学生将不同学科的知识和技能整合应用。学生需要将科学、数学、艺术等多个领域的知识结合起来，解决实际问题。这种跨学科的思维过程培养了学生的创新思维和综合能力。

在劳动教育中，学生常常面临复杂的问题和挑战，需要综合运用不同学科的知识和技能。例如，在设计和构建一个桥梁的任务中，学生需要了解物理学的力学原理，应用数学知识计算结构的稳定性，考虑材料的化学性质和工程力学的应用，甚至可能需要运用艺术和设计的原则来优化桥梁的外观。

这种跨学科整合的过程促使学生从多个角度思考问题，并找到创新的解决方案。学生不再将学科知识局限于各自独立的领域，而是将它们相互关联起来，形成更完整的认知。这种综合性的学习使学生能够看到问题的全貌，并培养了他们在不同学科之间灵活转换和应用知识的能力。

此外，跨学科整合也培养了学生的创新思维。当学生将不同学科的知识融合在一起时，他们会面临更复杂的问题和挑战，需要提出创新的解决方案。这要求学生能够跳出传统的思维模式，发散思考，将不同学科的概念和方法进行创造性组合。通过这样的思维过程，学生培养了创新能力和解决问题的能力。

（4）激发想象力和创造力。劳动教育提供了一个自由的环境，鼓励学生发挥想象力和创造力。通过设计和制作自己的作品，学生能够培养创新性思维和独立思考的能力。

在劳动教育的实践过程中，学生通常有机会选择自己感兴趣的项目或任务，并在教师指导下进行设计和制作。这种自由的环境激发了学生的想象力。学生们不再局限于传统的思维模式，而是被鼓励提出新颖的创意和独特的解决方案。他们可以尝试各种可能性，探索不同的设计思路，从而培养出丰富的想象力。

此外，劳动教育还注重培养学生的创造力。学生们通过实际操作和实践经验，学会将自己的创意转化为现实。他们在设计和制作过程中面临各种挑战，需要灵活运用知识和技能，寻找创新的解决方案。这种实践性的学习培养了学生的创新性思维和解决问题的能力。

劳动教育还鼓励学生进行独立思考。学生们在设计和制作自己的作品时，需要考虑各种因素，并做出自主决策。他们需要思考问题的不同角度，权衡利弊，并根据自己的判断做出相应的设计和制作决策。这种独立思考的过程培养了学生的自主性和批判性思维。

（5）强调在实践中学习。劳动教育强调实践和经验的重要性。通过参与各种劳动活动，学生能够亲身经历问题的出现和解决过程，从中学习如何分析问题、寻找解决方案并实施行动。

劳动教育提供了一个实践的学习环境，学生通过亲身参与实际劳动活动来获取知识和技能。在这个过程中，他们会面临各种挑战和问题，需要动手实践、思考和解决。通过实践，学生能够将理论知识与实际情况相结合，理解概念的实际应用，并加深对知识的理解和记忆。

实践中的学习使学生能够全面了解问题的本质和复杂性。他们在实践中会遇到各种困难和障碍，需要运用知识和技能来解决。这种经历培养了学生的问题分析和解决能力。学生通过面对实际问题，并通过实践不断调整和改进解决方案，逐渐提高自己的解决问题的能力。

劳动教育还鼓励学生从实践中获取经验和教训。学生们能够亲身体验成功和失败，并从中吸取宝贵的经验教训。他们可以通过反思和总结，发现问题产生的原因，评估自己的行动，并探索如何改进。这种经验积累和反思有助于学生的个人成长和专业发展。

通过实践中的学习，学生还能够培养实际操作的技能和技巧。他们通过亲身实践，掌握各种工具和技术的正确使用方法。这种实际技能的培养使学生具备了实际应用的能力，为将来的职业发展做好准备。

（6）培养团队合作能力。劳动教育通常涉及团队合作，学生需要与他人共同完成任务。在这个过程中，他们学会倾听他人意见、协调合作以及解决团队内部的冲突。这培养了学生的合作和沟通能力，帮助他们更好地解决问题。

团队合作是劳动教育中的重要组成部分。学生们通常会被分配到团队中，共同承担一个任务或项目。在团队合作中，学生们必须与他人合作，共同制订计划、分配任务、协调进度，并最终达到共同的目标。这种合作过程中，学生们需要倾听和尊重他人的意见，理解和接纳不同的观点，从而形成一个积极和谐的工作氛围。

通过团队合作，学生们还学会了协调合作。每个团队成员都有自己的专长和贡献，他们需要相互配合，充分发挥各自的优势，形成合力。学生们学会分工合作、相互支持和互相依赖，从而提高了整体团队的效能和成果。

在团队合作过程中，学生们可能会面临一些挑战和冲突。这时，他们需要学会解决团队内部的冲突，寻找共同的解决方案。学生们通过沟通、协商和妥协，学会了解决问题的技巧和策略。这种解决冲突的能力不仅在劳动教育中有用，也在日常生活和职业中非常重要。

团队合作不仅培养了学生的合作和沟通能力，还有助于他们更好地解决问题。通过与他人合作，学生们能够共享知识和经验，汇集不同的观点和思维方式，从而丰富问题的解决途径。他们学会从多个角度看问题，集思广益，提高解决问题的效率和质量。

（7）培养批判性思维。劳动教育旨在培养学生批判性地思考问题。学生被要求提出关键问题、进行推理和分析，并从不同角度思考解决方案的可行性和结果。

劳动教育提供了一个实践的学习环境，学生在其中面临各种问题和挑战。这些问题可能涉及材料选择、结构设计、工艺流程等方面。学生被鼓励不要只停留在表面现象，而要深入思考问题的本质和原因。他们需要提出关键问题，追溯问题的根源，分析问题产生的背后因素。通过这样的批判性思考，学生能够深入理解问题的复杂性，从而为解决问题提供更有效的方法和策略。

在劳动教育中，学生们还需要进行推理和分析。他们需要运用逻辑思维和批判性思维，从已知信息中推导出新的结论。他们需要分析问题的各个方面，评估不同的因素和变量，并预测各种可能的结果和影响。这种推理和分析的过程培养了学生的思维能力和判断力，使他们能够做出明智的决策。

劳动教育还鼓励学生从不同角度思考解决方案的可行性和后果。学生们被要求考虑各种可能的选项，并评估每个选项的优劣和风险。他们需要思考不同解决方案的影响、效果和可持续性，以便做出理性和全面的决策。这种从多个角度思考问题的能力培养了学生的综合思维和创新能力。

通过培养批判性思维，劳动教育为学生提供了更深入的学习体验。学生们不仅仅是简单地完成任务，而是通过批判性思考发展自己的思维能力和问题解决能力。学会提出关键问题、进行推理和分析，并从不同角度思考解决方案的可行性和后果。这种批判性思维的培养不仅在劳动教育中有用，也对学生的学术成就、职业发展和个人生活都具有重要的影响。

（8）培养解决问题的方法和策略。劳动教育不仅注重问题解决的结果，还注重学生运用科学方法和策略解决问题的过程。学生通过实践学习如何制定目标、制订计划、分析数据、评估效果等解决问题的方法。

劳动教育强调学生通过实际操作来解决问题，并鼓励他们运用科学方法和策略进行思考和行动。学生在面临问题时，首先需要明确目标，明确自己想要达到的结果。然后，他们学会制订计划，确定达成目标的步骤和时间安排。这个过程培养了学生的目标设定和计划能力，使他们能够更加有条理地解决问题。

在劳动教育中，学生们也学会了收集和分析相关数据。他们需要了解问题的背景和相关信息，并收集相关的数据和资料。通过数据的分析和评估，学生们能够更准确地了解问题的本质和特点，从而有针对性地制定解决方案。这种数据分析的能力使学生能够基于客观事实做出决策，并提高解决问题的有效性。

劳动教育还鼓励学生评估解决方案的效果。学生们需要思考和评估他们的解决方案是否达到了预期的目标，并对解决过程和结果进行反思和总结。通过这种评估的过程，学生们能够发现问题的不足之处，并改进他们的方法和策略。这种反思和改进的能力使学生能够不断提高解决问题的效率和质量。

通过培养解决问题的方法和策略，劳动教育为学生提供了解决实际问题的实践机会。学生们学会了设定目标、制订计划、分析数据、评估效果等关键的问题解决步骤。这种方法和策略的培养使学生能够更加系统和有序地解决问题，提高了他们的问题解决能力和自主学习能力。

4. 培养团队协作和沟通能力

劳动教育强调培养学生的团队合作和沟通能力。在劳动实践中，学生需要与他人协作、分工合作，共同完成任务。学生通过与他人合作，学会倾听和理解他人观点，培养良好的沟通能力和团队合作意识。在劳动教育中，学生将参与各种集体劳动活动，如小组项目、团队任务等。这些活动将为学生提供锻炼团队合作和沟通能力的机会。

团队合作是劳动教育的重要组成部分。在团队劳动中，学生需要与他人协作，共同制订工作计划，分配任务，并协调各自的工作进度。学生将学会倾听他人意见，尊重不同的观点，并积极参与团队决策。团队合作将培养学生的合作意识、协调能力和集体责任感。

劳动教育还将培养学生的沟通能力。劳动过程中，学生需要与团队成员进行有效的沟通和协调。他们将学会表达自己的观点和意见，并倾听他人的反馈和建议。通过沟通，学生能够更好地理解他人的需求和期望，增进团队合作的效果。

劳动教育通过培养团队合作和沟通能力，帮助学生在协作环境中更好地融入团队，并有效地与他人合作和沟通。

5. 培养责任感和自我管理能力

劳动教育强调培养学生的责任感和自律能力。学生在劳动教育中将承担一定的劳动任务，要按时完成任务，并对自己的工作结果负责。

劳动教育强调培养学生的责任感。学生将学会对自己的工作负责，对任务的完成负责，并对自己的行为和决策负责。劳动教育通过学生亲身经历劳动过程和任务完成的过程，使他们意识到自己的责任和义务，并培养他们承担责任的态度。

劳动教育还将培养学生的自律能力。在劳动实践中，学生需要遵守工作规程和要求，按时完成任务，管理自己的时间和资源。学生将学会制订计划和目标，并努力实现自己的目标。自律能力将使学生在劳动和学习中更加高效和有序。

劳动教育通过培养责任感和自律能力，帮助学生养成良好的工作纪律和自我管理能力。

（四）劳动教育的意义

劳动教育关系到人的全面发展，关系到国家的未来，开展劳动教育是遵循马克思主义教育思想、构建高质量教育体系和高水平人才培养体系的必然要求。

1. 必然要求

（1）开展劳动教育是遵循马克思主义教育思想的必然要求。系统全面的劳动教育思想，就是把劳动教育提升到普遍规律的高度之上，强调人的解放需要开展劳动教育，从根本上明确了教育应当“为人、对人、靠人”。劳动教育的开展不可或缺。

（2）开展劳动教育是构建高质量教育体系和高水平人才培养体系的必然要求。我国高等院校肩负着培养社会主义事业建设者和接班人、造就无数高技术技能人才的重大任务，培养的人才应该有正确的世界观、人生观和价值观以及正确的事业观、审美观和劳动观。加强高等院校劳动教育，是中国特色高等教育的显著特点，是扎根中国大地创办高等院校的本质要求。

2. 客观需要

劳动教育是劳动和教育的有机结合，一方面发挥了劳动的效用，通过利用和总结实践经验实现了理论和实践相结合、知行合一，人们得以在实践中学习、在学习中实践；另一方面发挥了教育的效用，深化了学生对于劳动生产知识和技术的认识与理解，提高了学生的劳动实践能力以及分析和解决问题的水平。只有加强劳动教育才能培养出一大批勤于劳动和善于劳动的人才，才能符合新时代教育发展的根本要求，因而成为实现个人梦想和国家梦想的一个重要选择。

贯彻落实党的教育方针，把“劳”作为培养目标之一，在高等院校开展多种形式的劳动教育，是当前社会现实的需要，更是年轻一代成为实现中华民族伟大复兴中国梦的中国特色社会主义事业建设者和接班人的需要。

二、一体化劳动教育体系的协同发展

劳动创造了世界，创造了历史，创造了人本身。劳动渗透在人的社会生活、学习、工作的方方面面，生命不息，生活不停，劳动不止。劳动教育是提升学生劳动素养、促进全面发展的教育活动。“劳动教育厚植于中华传统，是中华民族优秀的文化基因序列，是中国特色社会主义教育制度的重要内容，弘扬新时代劳动精神对落实立德树人根本任务发挥着不可替代的作用。”①

（一）一体化劳动教育体系的核心价值观

不同的劳动形态塑造了不同的教育形态。新时代，由传统工业社会向数智社会转型，劳动主体从个体劳动转向合作劳动，劳动形态从简单劳动转向复杂劳动；劳动结构从物质

① 马国文．中小学道德与法治教学中开展劳动教育策略研究［J］．国家通用语言文字教学与研究，2023（04）：61.

劳动转向非物质劳动，从生产性劳动转向服务性劳动；劳动关系从雇佣性、从属性转向关系性、共享性。新时代劳动特征更加凸显劳动教育的生存价值、生活价值、发展价值。

1. 劳动教育的生活价值

劳动教育是基于生活世界而又能达成意义世界的教育。劳动教育将学生带入劳动世界，丰富其劳动情感，满足其精神需求，促进其精神生长。古今中外的教育家都强调劳动教育的生活教育价值。新时代劳动教育的生活价值，一方面需要关照劳动形态的变化，强调劳动教育的技术性；另一方面需要观照新的生活形态，细分闲暇生活、社会消费的新需求，赋予新型劳动以新的生活价值。

2. 劳动教育的生存价值

劳动的生存本质决定了劳动教育的生存价值。无论是劳动认知观的树立，还是劳动技能的获得，抑或是劳动价值观的养成，都需要通过劳动教育实现，劳动教育具有“根”和“魂”的作用。通过劳动教育，增强劳动感受，体会劳动艰辛，分享劳动喜悦，掌握劳动技能，提高发现问题、解决问题的能力，形成热爱劳动的态度，尊重劳动人民，培养敬业、乐业的劳动精神，提升创新、创业劳动能力，发展个体的基本生存能力，从而提高社会生产力，推进经济社会的可持续发展。

劳动教育是全民的、未来的、永恒的、终生的。新时代的劳动者不仅要有强健的身体素质和优良的心理素质，还要有良好的科技文化素质和综合技术技能运用能力，更要有攻坚克难、解决问题的能力和应变危机的创造思维能力等。这既是新时代劳动教育目标的要求，也是劳动教育生存价值的体现。

3. 劳动教育的发展价值

人的全面发展是一切教育活动的旨归，是教育的基础和归宿。

（1）通过劳动教育，以劳树德，激发学生感恩自然、感知生活、感悟生命，塑造学生的健全人格，培养学生的高尚品质。

（2）通过劳动教育，以劳增智，锻炼和培养学生关键思维能力，增强其知识运用、联结、综合等高级思维能力，从而使其学会认知、学会学习、学会生活、学会创造。

（3）通过劳动教育，以劳强体，在体验各种劳动中锻炼筋骨、锤炼意志、增强体质、强健体魄。

（4）通过劳动教育，以劳育美，引导学生感知生活美、发现生态美、欣赏自然美、领悟生命美，在实践中感悟发现美、欣赏美，在体验中学会审美、创造美。劳动教育在从“五育并举”到“五育融合”的过程中，推动着劳动者的全面发展。

（二）一体化劳动教育体系的逻辑思路

1. 融通性建构劳动教育保障机制

普通教育是劳动教育的“普及版”，职业教育是劳动教育的“专业版”。推进普职融通是构建高质量劳动教育体系的重要组成部分，也是提高劳动教育实效性的有力保障。劳动教育要深化劳动认知，增进劳动情感，增殖劳动价值。普通教育以学科知识为逻辑体系，劳动教育往往缺乏力度，职业教育以工作过程为逻辑体系，以服务发展为宗旨，以促进就业为导向，专业门类众多，覆盖面广，能够为普通中小学劳动教育提供相对丰富的劳动教育资源。普遍开展了普职融通的成功探索，坚持在普通教育必修课中设立劳动课、劳动技术课。通过普职融通，共同开发课程、课程互修、学分互认、学籍互转、师资共享，实现了资源共享，既适应了学校多样性发展、特色化发展要求，又适应了学校文化素质教育需求，也满足了学生个性化发展需要，全面提高了学生核心素养和综合能力。

2. 具象化设计劳动教育大纲

劳动教育是“关于劳动”的教育和“通过劳动”的教育的有机统一。“关于劳动”的教育旨在培育热爱劳动与劳动人民的深厚情感，培养正确的劳动观念与劳动态度，养成良好的劳动习惯，习得丰富的劳动技能；“通过劳动”的教育即让学生通过生活劳动与生产劳动，促进德智体美全面发展。无论是“关于劳动”的教育还是“通过劳动”的教育，都通过学科课程或活动课程实现，明确了劳动教育的性质，设计了一体化劳动教育的目标与内容，规范了劳动教育的途径与评价，规定了小学段、初中段、高中段、大学段劳动教育的实施要求，保障了劳动教育的具体实施。

3. 系统化设计劳动教育目标

相当长一段时间内，劳动教育囿于学校劳动教育，劳动教育目标也囿于劳动教育课程与教学目标。对小学和初级中学劳动教育的目标、内容、形式等提出了要求。系统化设计中加强了中小学劳动教育，但没有对劳动教育的实施路径、课程、措施、评价方式等进行明确的、有层次的、具体的制度安排。强调进一步完善德智体美劳全面培养的教育体系，要突出中小学劳动教育一体化设计，明确将劳动教育贯通于大中小学学段，融入人才培养全过程，贯穿学校、家庭、社会各个方面。

（三）一体化劳动教育体系的实践路径

新时代一体化劳动教育体系的实践道路在于：纵向贯通劳动教育目标体系，横向联通劳动教育实践平台，立体互通劳动教育制度保障。

1. 横向联通实践平台，体现共享性

作为一种专门教育，劳动教育实施应当有空间。当前，需要着力解决劳动教育场所数量不足、类型单一、管理条块分割等问题，建立政府部门、学校、家庭、社会协同联动机制，在具象化、细化、深化、转化上下功夫，促进学校阵地与家庭阵地、社会实践基地的衔接互动，推动区域合作和资源共享，构建起全方位支持、全流程评价的劳动教育生态网络，形成全社会共同参与的立体化劳动教育体系。

（1）在校内建设劳动教育实践体验基地。通过建立手工坊、工作坊、劳动技能训练中心、创新创业一条街等方式，开展教学实习、技能实训、岗位体验、就业实践等；通过技能大师进课堂、劳动模范进校园，推动建设劳动教育特色学校。

（2）在校外建设劳动教育综合实践基地。学校要加强与城市、农村、部队、企业的联系，在城镇地区，充分利用国家设施，结合国家建设，合理利用国家资源。在农村地区，应充分利用自然资源、文化资源，建设网络化、嵌入式综合实践基地，为学生参加实践活动提供保障。要依托社会力量和各行各业的专业力量，打造导向明确、功能丰富、设施配套、特色鲜明、作用明显的主题实践基地，构建专兼职结合的“双师型”劳动教育指导教师队伍，为学生参加农业生产、工业体验、商业服务，开展专业实践劳动、职业体验劳动、生产生活劳动等提供条件。

（3）在社区建设志愿服务基地。可通过社区的劳动文化引导学生正确认知；使学生在情感上懂得劳动光荣、劳动伟大、劳动者最美的道理；在能力上养成良好的劳动习惯，具备生存发展需要的基本劳动技能。

2. 纵向贯通目标体系，体现阶段性

无论是从劳动教育思想认识的高度、情感态度体验的深度，还是能力习惯养成的程度来说，大中小学劳动教育是一个整体，不同阶段之间既相互独立又相互联系，循序渐进，从“兴趣培养”到“感性体验”，从“价值认同”到“理性践行”再到“劳动创造”，形成感知、认知、行知、悟知循环往复的认知与实践逻辑。

（1）小学阶段的劳动教育主题是“劳动兴趣，养成习惯”。低年级的目标是感受劳动乐趣，培育劳动兴趣；重点内容是启蒙劳动意识；主要方式是体验日常生活自理。中高年级的目标是学会合作劳动，体会劳动光荣；重点内容是做好个人清洁卫生，养成劳动习惯；主要方式是主动分担家务，适当参加校内外公益劳动。

（2）初中阶段的劳动教育主题是“劳动认知，内化素养”；目标是初步养成劳动品质和职业意识，形成劳动情感；重点内容是掌握日常生活中的基本劳动知识和劳动技能，能够参与适合的生产劳动；主要方式是家政学习，开展社区服务，适当参加生产劳动。

（3）高中阶段的劳动教育主题是“劳动实践，认同价值”。普通高中的目标是理解劳动价值，树立劳动意识，具备服务社会的能力与情怀；重点内容是掌握一定的生产劳动和服务性劳动技能；主要方式是丰富职业体验，开展服务性劳动，参加生产劳动。中等职业学校的目标是增强职业荣誉感，培育爱岗敬业的劳动态度和精益求精的工匠精神；重点内容是提高专业能力和技术技能水平；主要方式是结合专业特色，深入开展实习实训。

（4）大学阶段的劳动教育主题是“劳动创新，追求价值”；目标是增强诚实劳动意识，树立正确择业观，积累职业经验，提升就业创业能力，培育公共服务意识，具有主动作为的敬业奉献精神；重点内容是系统学习专业知识，掌握专业能力，具有创造性解决实际问题的能力；主要方式是结合学科和专业，围绕创新创业，积极开展社会实践、勤工助学、公益劳动、志愿服务等。

3. 立体互通制度保障，体现协同性

劳动教育要以学校为重点，以家庭为基础，以社会为巩固，建立起学校、家庭、社会三位一体协同创新的合力育人机制。

（1）学校是劳动教育的牵头者，是家庭劳动教育的指导者，是社会劳动教育的促进者，在劳动教育中具有主导性作用。学校劳动教育要规范化。

（2）家庭在劳动教育中具有基础性作用，家庭劳动教育要日常化。家庭中应树立热爱劳动的良好家风，家长通过日常生活中的言传身教，启蒙孩子的劳动情感，使其从小养成劳动习惯；家长要抓住日常劳动教育时机，让孩子掌握必要的劳动技能；鼓励孩子参加社区生活技能展示活动，利用节假日参加各种社会劳动。

（3）社会是劳动教育的体验地，在劳动教育中具有支持性作用，社会劳动教育要多样化。社会劳动教育体现劳动教育过程的延伸性、实践性和真实性，推进社会劳动教育有宽度、显生气。

当然，一体化劳动教育体系实践还需要建构课程体系，建设师资队伍，建立评价体系，健全体制机制，遵照价值逻辑、知识逻辑、技术逻辑，特别是要适应学生身心特点，强化实践，体现体验性；结合地方、学校、学生实际，注重城乡差异、区域差异、个体差异，体现差异性；适应时代发展的特点，注重新知识、新方法、新工艺、新技术的学习与应用，体现时代性。由此，保障劳动教育从理论认知到实践操作、从顶层设计到细化落实，建构起新时代中国特色高质量一体化的劳动教育体系。

三、劳动教育与初中道德与法治教学相融合的育人策略

“新时代环境背景下开展劳动教育对促进学生全面发展具有重要作用。在道德与法治

课程中融入劳动教育，有助于培养学生的劳动意识，让学生正确认知劳动行为的价值。”[①] 初中道德与法治蕴含丰富的劳动教育资源，对学生进行劳动教育是非常有必要的，有助于提升他们的自信心，促进其健康成长与发展，使其成为一个拥有健康体格与健全人格的时代新人。

（一）劳动教育与初中道德与法治教学相融合的意义

1. 推动教学层次提升，增加道德与法治课程的吸引力

初中道德与法治课程内容从某种程度上说是国情、法律、心理健康、道德等知识的整合，教师应吃透这些内容并使用合适的教学方法展开教学活动，促进学生思想品德发展。教育的根本任务是立德树人，而落实这一根本任务，只依靠上述内容是远远不够的，必须要有劳动教育的参与。它能帮助学生联通理性与感性、精神与肉体的维度，有助于提升教学层次，使课堂更加具有吸引力，对于调动学生的学习积极性与兴趣有重要意义。

从劳动教育角度着手指导学生学习，可以让这节课更具有层次感，第一层次是带领学生了解我国在发展过程中所取得的成就，并且让他们知道这些成就的背后离不开人民的艰苦奋斗与持之以恒的努力，以此激发他们的民族自信心与自豪感；第二层次是让学生在为我国取得的成就感到自豪的同时也清楚地认识到我国当前在发展中面临的问题，增强他们的责任意识；第三层次是让学生认识到劳动的意义与价值，知道国家的未来发展以及如今的成就都是广大人民辛勤劳动的成果，以增强他们的劳动意识，使他们做到崇尚劳动、尊重劳动等；第四层次是让学生认识到不同职业的劳动价值与特点，对于不同岗位上从事不同工作的劳动者给予认同，认识到每一个行业的劳动都需要兢兢业业、每一个岗位上的劳动者都是在为社会和国家发展贡献自己的力量，从而树立职业平等观；第五层次是让学生认识到实现中国梦是不容易的，离不开一代代中国人的接力奋斗与埋头苦干，更要认识到作为时代新人的自己必须继承与发扬这种实干精神。

2. 推动学生劳动意识增强，提升核心素养

要培养学生劳动意识，要让他们有良好的劳动习惯、积极的劳动态度，发自内心地尊重劳动，还要掌握一定的劳动技能并且具备动手操作能力。初中道德与法治课程中包含了很多关于劳动教育的素材，对学生进行劳动教育是落实课程育人目标的必由之路，而且有助于增强学生的劳动意识。在道德与法治教育中对学生进行劳动教育，能够在一定程度上拓宽劳动教育渠道，将培养学生正确劳动价值观与良好思想品德有机结合起来，营造良好的劳动教育环境，帮助学生筑牢劳动价值观，形成勤劳勇敢、热爱劳动的优良品质，促进

---

① 马国文．中小学道德与法治教学中开展劳动教育策略研究［J］．国家通用语言文字教学与研究，2023（04）：61.

核心素养教育目标的落地，推动素质教育可持续发展。

（二）劳动教育与初中道德与法治教学相融合的育人措施

1. 制定科学的劳动教育目标，突出以劳育德

作为教学活动开展的落脚点与出发点，教育目标发挥导向作用，这也是检验劳动教育效果的重要依据。要想达到一个特定的教学目的，教师首先要树立合理的教学目标，然后在目标的指引下开展相应的教学活动。为了突出劳动教育，需将劳动教育渗透到课程目标中。

（1）引导学生认识、理解劳动，清楚新时代下劳动的内涵，这是基础目标。

（2）根据道德与法治课程标准中的内容，引导学生正确认识劳动对国家、社会与个人发展的价值和意义，借助适当的劳动增强他们的劳动能力，培养初中生良好的劳动情感。

（3）依据课外活动与课堂教学之间的有机结合，让学生认识到新时代下劳动者需要具备哪些品质，以及如何才能成为新时代所需要的劳动者。总而言之，针对当前初中生普遍不愿劳动、劳动意识不强、对劳动认知有偏差等问题，教师应立足实际做好目标设计，在潜移默化中培养学生良好的劳动意识，帮助学生掌握劳动知识与技能。

教师在吃透教材内容的基础上从劳动教育视角出发设计教学目标，如能力目标是让学生主动、积极与教师沟通，了解并掌握与教师有效沟通的方式方法；知识目标是让学生了解不同教师的风格以及他们的工作特点，知道可能导致师生之间发生矛盾的因素，从思想上认识到师生之间构建良好关系的重要性；情感态度价值观目标则是让学生感受到和谐师生关系带来的快乐体验，增进与教师之间的情感，热爱教师并尊重他们，了解教师的劳动内容，对于教师职业中蕴含的价值给予理解和认同。这样的教育目标既突出了这节课的内容，又渗透了劳动教育，尤其是让学生了解了教师的劳动内容，包括上课、设计并批改作业、改试卷、监考、家访等显性的劳动内容，以及教研、磨课、备课、辅导等学生看不见的隐性劳动内容。基于这样的教育目标展开教学活动，能够拓宽学生对本节课内容的理解，还能增强学生对教师这个职业内容与责任感的理解，从而认同其中蕴含的价值，取得更好的教学效果。

2. 开发并利用劳动教育资源，拓展课程内容

在初中道德与法治课程教学中，教材是开展劳动教育的基础。但是仅仅依靠课本上的资源是远远不够的，还需要依据课程内容以及学生全面发展的需要适当地开发具有学校特质、区域特点以及时代特色的劳动教育资源，对教材上的内容形成补充，使课程内容更加丰富。

（1）就学校教育来看，可以利用的教育资源十分丰富，包括校园文化、教学主体、课程等。作为教学实践的主导者，教师还要将自身的人格魅力以及兴趣爱好、专业特长、生活经验等融入教育中，在潜移默化中影响学生。与此同时，作为班集体中不可或缺的一分子，每一个学生本身对劳动的认知以及对班级的贡献都是不可多得的劳动教育资源，会或多或少地影响其他学生。这样的资源接地气，对学生而言也更有亲切感。而校园文化资源包括校园标志标语、校园宣传栏、校风、班风等隐性劳动教育资源，将这些资源整合在一起能够营造良好的劳动教育环境。

（2）就家庭教育来看，主要包括家庭劳动、家长这两类教育资源。每个家长都有属于自身的独特知识阅历与生活经验，他们的劳动习惯以及对待劳动的态度等都会潜移默化地影响孩子。与此同时，家长还可以与学校相互配合，辅助教师监督孩子的劳动过程与成果等，并通过交流和反馈给予孩子科学的指导与教育，这也是重要的劳动教育资源。

（3）除此之外，深受大众喜爱的新闻、小说、短视频、音乐、影视剧中也有很多的劳动教育资源与案例，对其合理地开发与利用能够丰富劳动教育资源，如纪录片《大国工匠》、综艺节目《劳动最光荣》以及新闻联播中都有丰富的劳动教育资源，其中有很多既有说服力又十分精彩的劳动模范人物的故事，教师可以将这些劳动模范人物案例开发成劳动教育资源，在课堂上组织学生探究、讨论，以开阔学生视野，增强其劳动意识。

（4）开展丰富的劳动实践活动，增强情感体验。仅仅依靠口头上的说教是很难培养学生良好的劳动意识并且让他们树立劳动价值观的，还需要劳动实践活动的支持。借助劳动实践活动引导学生实践锻炼、关注实际生活，能够丰富学生的劳动情感，增强他们的社会劳动体验，提升其劳动能力。在具体的操作过程中，教师应结合学生的年龄特点、生活习惯等有计划、有目的地组织他们参加生产、生活劳动以及具有服务性质的劳动实践活动等。

在初期教育实践中，可以组织学生开展日常生活劳动，即以他们最熟悉、平时接触最多的劳动方式带领其进行劳动，包括美化校园、打扫卫生等。为了培养学生孝敬父母的良好行为，教师可以在作业中布置关于劳动的任务，要求他们课后选择一件或多件家务去做，以感受父母平时做家务的艰辛与不易，增进与父母之间的感情。在中期教育实践中，可以组织学生参加生产劳动，这是社会劳动中的重要构成，能够推动社会发展。让学生参与这样的劳动，能够深化他们对社会的了解，认识到劳动对社会发展的重要性。

有条件的情况下可以带领学生参观学校附近的蔬菜大棚、工厂与企业等，也可以让其亲身参与其中去实践，以让他们深刻地感受到生产劳动影响每个人的生活，是推动社会发展不可或缺的力量，不管从事什么工作都要精益求精、刻苦钻研、勤勤恳恳，通过劳动实现个人价值。

在后期教育实践中，组织学生参加服务性劳动。这样的劳动在塑造学生性格、心灵、精神与思想等方面有潜移默化的作用。教师可以借助社区资源带领学生参加志愿者活动，比如给空巢老人做家务活、帮助残障人群等，以增强他们的劳动意识与奉献精神。

将劳动教育渗透到初中道德与法治课程教学中有着一定的现实意义，可以让学生尊重劳动、崇尚劳动，进而树立职业平等观。而且学生在日常生活和学习中也会积极劳动，学会用双手创造并享受创造后的成果，塑造正确的价值观，养成良好的行为习惯，具备高尚的道德情操，从而凸显道德与法治课程的育人价值。在素质教育不断深化的背景下，道德与法治教师应加大对劳动教育的探索力度，并构建科学的教学模式，通过合理处理教育目标、教育方法、教育资源等实现道德与法治课程内容与劳动教育的深度融合，将学生培养成掌握劳动技能并且有高尚道德情操的时代新人，为国家的建设与发展添砖加瓦。

第三节　集体主义教育在初中政治教学中的有效融入

一、集体主义教育相关概述

（一）集体主义与集体主义教育的定义

1. 集体主义

目前，关于集体主义概念的定义，大体可从伦理学和价值原理两个方面进行界定，具体如下。

（1）从伦理学角度看，集体主义表现了人与人、人与集体关系的伦理需要与伦理关怀，集体主义的道德要求一般分为三个层次：①为人民服务；②公共利益优先于个人利益；③在不损害公共利益的情况下考虑个人利益。这些道德要求包括三大核心：与他人关系中的合作精神、维护和尊重集利益的公共精神、处理他人和集体利益的利他精神。

（2）从价值原理角度看，集体主义是指正确地对待集体和个体的利益，实现两者之间的辨证统一、不可分离。首先，人只有在集体中才能生存和发展，才能实现自身的价值；其次，个体和集体之间存在着辩证关系。在某种意义上，集体的权益是由许多人的正当利益组成的，而个体正当利益的实现能使集体的利益得到强化和扩展。在这种情况下，将集体精神视为压抑个人、限制个性的观点是对集体主义的一种错误认识，集体主义也绝对不是“自我原则或强迫”，而是通过遵循以人为本原则来尊重保障个人的合法利益。因此，人们一方面应该积极发展集体的共同利益，积极维护集体的共同利益；另一方面集体利益的实现不仅取决于集体所有成员，而且也有利于集体所有成员，所以只有尊重保障人的合法利益，集体利益才能焕发出更强的生命力和凝聚力。

2. 集体主义教育

集体主义教育是教育者对受教育者施加有针对性、有计划的影响，以形成集体道德和集体价值观的实践活动。集体主义教育的本质在于让受教育者懂得如何正确地对待集体和个体之间的关系。一方面，国家必须坚持集体主义，培育集体主义意识，以实现国家、集体和个人三者之间的和谐统一；另一方面，集体主义教育具有以人为本的特点，其最终目标是培养人们正确的道德规范和价值观念，以促进个体的全面发展。因此，为了贯彻以人为本的集体主义理念，在维护国家、集体和个人之间的和谐关系时，不仅要维护集体合法利益，而且要尊重个人的合法利益。

从集体主义教育组织结构上看，它是一种把集体主义认知、集体主义情感与集体主义行为相统一的教学活动。集体主义教育应该引导受教育者树立集体主义意识，这是集体主义教育进行的基础和前提。集体主义教育应激发受教育者的集体主义情感，即培养学生的集体思维，这是顺利进行集体主义教育的关键。集体主义教育应当促使受教育者积极地实践集体行为，旨在把集体意识和集体情感投入到实际工作中去，即在工作、学习和生活中正确处理个人和集体的关系，这是集体主义教育的最终目的。

（二）初中政治教学中集体主义教育的特点

集体主义教育在道德、政治和社会发展中具有重要的价值引领功能，“集体主义不仅能对社会形成强有力的凝聚力而且也能对个人激发起强烈的责任感”[①]。新时代初中政治教学中集体主义教育的特点主要体现在以下四个方面。

1. 以“中国梦”为价值导向

中国梦是祖国的梦想，是民族的梦想，也是每个中华儿女的梦想。中国梦注重国家、民族和个人发展的统一性，把国家、民族和个人的利益紧密结合起来，以国家的兴盛为基础，以个人的利益为保障，所以中国梦不仅是当代中国发展的精神旗帜，更是全国人民的共同愿景。中国梦蕴含着明显的集体主义思想，是新时代集体主义教育的价值导向。新的历史阶段，初中政治集体主义教育必须紧紧抓住中国梦的价值取向，以中国梦为核心加强集体主义教育。中国梦的实现对青少年寄予厚望，青少年无论在什么时候都是我们党和国

① 邱思雨．网络时代下优化集体主义教育路径研究［J］．现代商贸工业，2023，44（04）：194.

家的主力军，都是社会主义建设的一支重要力量，青少年群体的形成与发展，不仅关系到社会的发展，而且关系到祖国的未来与民族的希望。因此，初中政治集体主义教育要教育青少年不忘初心、牢记使命，激励青少年为建设中国新时代的中国特色社会主义事业努力拼搏，为实现中国民族的伟大复兴而不懈奋斗。

2. 集体主义教育与爱国主义、社会主义教育相结合

中国梦是将爱国主义、集体主义和社会主义教育相融合的精神纽带。中国梦是一个国家的梦，也是所有中国人的梦，中国梦将我们国家的梦与中国人民的梦联系在一起。每一个家庭，每一个中国人，都将个人的梦想和家庭的梦想融入到中国梦之中，凝聚起中国梦的磅礴力量，这就是新时代的集体精神。由此可见，中国梦是实现“三个主义”教育融合的关键核心，通过中国梦将“三个主义”的教育紧密融合在一起，其目的是引导学生树立起中国特色社会主义共同理想，引导学生在社会生活中遵守集体主义、社会主义、爱国主义的道德规范。为实现这一目的，初中政治教学要大力弘扬爱国主义、集体主义、社会主义精神，使这三种精神有机地融合在一起，互相渗透，激发学生的民族自尊心、自信心、自豪感，从而使我们的国民素质得到提高。

3. 满足心理需求与提高核心素养相结合

初中《道德与法治》课集体主义教育也应该实现把满足心理需求与提高核心素养结合起来。随着我国社会的发展与变迁，部分青少年对中国特色社会主义缺乏正确的认知，对实现民族振兴缺乏危机意识，因此我们需要把满足心理需求与提高核心素养结合起来。一方面，集体主义教育可以满足学生的心理需求，我们在加强学生集体主义教育时，应注重培养学生正确调节个体和群体关系的能力，使学生可以顺利地融入集体生活，防止学生产生孤独的情绪，进而满足学生的心理需求；另一方面，集体主义教育也可以提升学生的核心素养，通过加强集体主义教育，可以提升学生的社会主义信仰，增强学生对国家的忠诚度，增强学生对国家的政治认同。

集体主义教育要想把满足心理需求与提高核心素养结合起来，必须要加强学生对党、对祖国、对社会主义、对民族前途的关心，引导学生用中国特色社会主义思想武装自己，并积极地指导学生学习如何处理好自己的发展问题，如何主动地投身于中国特色社会主义事业之中，在这个过程中通过加强集体主义情感教育来满足学生的心理需求，通过开展集体主义实践来培养学生的集体意识，进而促进学生的全面发展。

4. 着力培养青少年责任感与使命感

个人对集体的责任，是集体主义思想形成的核心。在社会生活中的每个人都承担着自己的社会责任，责任感作为社会的内在要求，必须经历从被动接受到自觉承认、从外在规

范到内在信念、从他律义务到自律践行的转变过程才能深入人心。集体主义是社会责任感回归的精神动力，在新时代初中政治教育中，集体主义教育要求学生以集体的整体利益为重，使青少年能够不计较个人私利，先公后私，进而唤醒青少年的社会责任感。同时，新时代的初中政治课程要紧扣“中华民族伟大复兴”的主题，教育学生要树立正确的使命感和责任感，把实现祖国的繁荣昌盛作为终身奋斗的使命，在为国家服务中实现自身价值，这是初中生全面发展的必然要求，也是新时期培养担当民族复兴重任的时代新人的必然要求。

（三）初中政治教学中集体主义教育的意义

1. 有利于促进学生的成长

初中生正处于心智从不成熟向成熟过渡的重要阶段，这个阶段的学生可塑性非常强，如果初中生能够在初中政治课程中受到正确的价值观引导，那么他们就会顺利地度过人生的迷茫期，逐步实现全面发展。通过初中政治课集体主义教育，可以使学生学会分析各种利益之间的关系，锻炼学生的社会交往能力，帮助学生树立集体意识、整体格局、全面意识，增强学生的政治认同与家国情怀，有利于促进学生的全面发展。

（1）有利于激发学生的集体主义情感。当今时代社会文化多样化趋势越来越明显，在新的时代背景下，强化初中政治课集体主义教育，有助于增强学生的集体主义意识，提升学生的社会主义信仰，增强政治认同，使学生认清中华民族伟大复兴中国梦的使命，从而激发自身集体主义情感。

（2）有利于学生养成为集体服务的行为习惯。随着大众传媒的发展，信息化时代的到来使得初中学生过早地接触到了各种不同类型的信息。通过加强初中政治集体主义教育，其目的是要提高学生的集体责任感，学会站在集体的角度看问题，提升集体服务意识和奉献意识，逐步养成为集体服务的良好行为习惯。

（3）有利于青少年树立崇高的理想。中国特色社会主义进入新时代，这是我国新的历史方位，新的历史方位要求青少年必须要自觉行动，树立宏伟的远大目标，这就要求青少年必须要树立共产主义远大理想和中国特色社会主义共同理想，这两个崇高理想中蕴含了深厚的集体主义思想，因此，需要通过集体主义教育来引导青少年正确树立。初中政治课集体主义教育正是通过激励青少年树立崇高的理想和坚定的信念，来促使青少年实现人生价值，升华人生境界。

2. 有利于培育和践行社会主义核心价值观

培育和践行社会主义核心价值观是我们国家强基固本的基础工程，社会主义核心价值观具有三个层面，关系到国家、社会和个人，落脚点在于为实现中国梦而努力奋斗。集体主义教育和社会主义核心价值观的某些方面是相通的，集体主义是以集体利益为中心的，它与社会主义核心价值观的内在要求密切相关。践行社会主义核心价值观一定要树立集体主义意识，增强集体主义情感，正确把握好集体与个人之间的内在联系，这就需要我们用集体主义观念来规制个体的行为，只有这样才能使共产主义的终极目标得以实现。初中《道德与法治》课集体主义教育的重点就是引导学生坚持集体利益至上的原则，这一点和践行社会主义核心价值观有着一致性。所以，在初中《道德与法治》课程中，强化集体主义意识，规范集体主义行为，其实就是在践行社会主义核心价值观，这有利于提高个人的思想道德水平，也有利于促进个人与他人、国家与社会的和谐发展。

（四）初中政治教学中集体主义教育任务

初中政治课集体主义教育任务主要有：树立集体意识、奉献意识、合作意识，养成为集体服务的良好行为习惯。新课标明确指出初中政治作为一门以学生生活实际为基础的综合性课程，在课程实施过程中要注重强化生活逻辑和学科逻辑，注重教育过程与学生的生活相结合。因而，初中政治课集体主义教育应与学生的实际生活紧密联系，并在实际生活中推动学生集体主义道德水平的提升。

1. 培育学生为集体服务的意识和行为

新课标强调，集体主义教育在初中政治课程中的作用是培育学生服务集体的意识，让集体主义意识深入到初中生的心灵；培养学生的集体凝聚力，弘扬相互帮助的团队合作精神；让学生体会集体的美好，发展亲社会行为，养成为集体服务的行为习惯。因此，在初中政治课集体主义教育中，教师要以社会主义核心价值观为导向，在课堂上注重培养学生的服务意识和奉献意识，加强集体主义教育与学生生活实践的联系，选择与其生活紧密相关的内容作为教材，通过组织课堂、小组活动等方式，增强学生的集体主义意识，养成为集体服务的良好习惯。

2. 指导学生正确认识各种利益关系

初中政治集体主义教育的另一重要任务是引导学生正确认识和处理国家、集体、个人的利益关系，提倡个人利益服从集体利益，局部利益服从整体利益，当前利益服从长远利益，提倡把个人的理想融入到广大人民的共同理想之中。指导学生正确认识个人与集体、国家、社会的关系，突出初中阶段集体主义教育对学生正确认识各种利益关系的重要性，要求学生在正确处理好个人与集体关系的同时承担社会集体责任，树立公平意识、竞争意识、责任意识，在中国梦的背景下努力实现自己的人生梦想。

二、提升初中政治教学中集体主义教育效果的措施

（一）提升教师集体主义教育的意识和专业素养

1. 提升教师对集体主义教育的重视程度

（1）教师必须树立集体主义信念。教师只有相信集体主义的力量，才会在具体教学中落实集体主义教育，最终才能达到集体主义教育的理想效果。因此，教师要提高对新时代集体主义教育的认知，认识到集体主义体现在我国社会主义建设的各个方面，使教师充分感受到集体主义的重要性，对集体主义教育树立坚定的信心。

（2）教师要充分发挥自身在集体中的“示范”作用。在学生看来，教师是学生学习的楷模，教师的一言一行都会影响到他们，教师良好的行为表现会给学生带来好的影响，而不良行为则会给学生带来不好的影响。因此，教师在教学过程中必须要为人师表，以身作则，凡是要求学生必须做到的有利于集体发展的集体主义行为，教师也必须要做到。

（3）教师必须重视集体主义教育在学生发展中的作用。教师是教育教学的主导者，教师对集体主义教育的重视程度直接决定了集体主义教育的效果，因此每位初中政治课教师都应该充分认识到集体主义教育对学生发展的重要作用，并在教育过程中密切关注学生接受集体主义教育的情况，及时捕捉学生接受集体主义教育的反馈信息，以便根据情况变化及时做出相应的调整。

2. 提升教师集体主义教育专业素养

（1）提高教师集体主义教育理论素养。理论是实践的先导，教师只有准确掌握专业理论知识，对集体主义相关理论有了深入的认识与理解之后，才能在教学过程中游刃有余地将这些理论应用到实践中去。教师可以通过多种途径进行专业理论的学习。首先，教师可以通过研读教材中与集体主义教育相关的内容，保证对集体主义知识有充分的掌握；其次，教师可以通过积极参加集体主义思想专题研修活动、专业教师培训等方式去学习和了解有关集体主义的专业理论知识，将其作为自己的理论储备，在教学活动中以此为指导。此外，教师还要在日常教学活动过程中积累经验教训，反过来进一步补充自己的理论知识。

（2）提高教师集体主义教育教学能力。教师教育教学能力直接决定了教育效果的好坏，为了提升集体主义教育效果，教师必须要提高自身的集体主义教育教学能力。首先，教师必须成为集体主义教育课程的研究者，这就要求教师积极地参与到有关集体主义教育的课程改革研究中，通过对中学政治课程标准的深入研读，提高自己的专业教学能力，努

力做好学生的引领者和推动者；其次，教师也应该成为集体主义教育素材的开发者，这就要求教师充分挖掘校内外有关集体主义教育的资源，补充必要的教学案例、教学素材，明确初中政治课集体主义教育的任务和要求，认真研究教材、分析教材、把握教材，从而提高教师的开发教育素材的能力。

（二）在课外实践活动中开展集体主义教育

学生集体主义行为的养成不能脱离于生活实际，因此集体主义教育必须要融入到学生的日常学习和生活中去，而学生的实践生活和学习主要存在于学校和社会，因此教师要针对这两个方面开展实践活动，其目的是为了强化学生的集体主义认知，养成自觉践行集体主义行为的习惯。

1. 组织校本化实践活动

为了拓宽集体主义教育途径，教师需要开展校本化实践活动，这就要求教师充分挖掘校园内的实践资源，在校园内开展实践教学活动。一是大型团体比赛，教师可以让同学们把校园活动中最难忘的事情写下来，通过小组讨论来评估民主与公正。二是集体典礼活动，如升旗仪式、经典诵读等。集体典礼是教师对学生进行爱国主义教育、集体主义教育的重要实践活动，如传统的文化经典阅读和升旗仪式期间的武术表演，这些活动有助于提升学生的集体主义意识，促进集体主义行为的养成。三是专题班会，教师以班级为单位开展的专题班会也是校本化实践活动的形式之一，专题班会不仅对提高学生的思想领悟具有重要作用，对强化学生的集体主义理论知识也起着重要作用。

2. 组织社会化实践活动

社会化实践活动主要是指在社会上开展的实践教学活动，与学校实践活动相比，社会化实践活动更注重参观访问、社会调研、公益劳动、义工服务等。教师可以带领学生参观当地少数民族的聚集地，通过对当地少数民族的历史、文化、风俗等方面的深刻讲解，真情实感的带领学生感受到各民族之间平等团结，感受到各族人民紧密地团结在一起，同呼吸、共命运，为中华民族的伟大复兴而共同努力。通过开展社会化实践活动，一方面，能让学生体会到集体的强大与美好；另一方面，还可以让学生在集体中找到自己的位置，充分发挥学生的积极主动性，激发学生学习的斗志。

（三）丰富集体主义教育方法

1. 小组合作法

小组合作法的主要目的是充分发挥学生的主体能动性，通过挖掘集体智慧的力量，积极培育学生的创造性和自觉性，使学生掌握和他人合作沟通的技能、技巧。集体主义教育旨在使学生形成集体主义意识，培育集体主义情感，从而营造一种和谐、民主的集体氛围。在小组合作中，每位学生都能够参与到集体中去，充分地发挥他们的主人翁意识，体会到集体的价值。小组合作是一种利用集体智力实现个人发展的教育方法，通过集体的力量，让学生感到自身的发展与集体的发展密切相关，将个体与集体密切联系在一起，从而让学生从内心深处感受到一种归属感，并乐于为集体做出贡献。教师可以将同学们按照组间同质、组内异质的原则把学生分成不同的小组，让小组之间进行比赛，通过小组合作的形式来完成诸如设计班徽、主题黑板报等任务。

在采用小组合作法时一定要注意引导同学们寻找有相同想法的小组合作伙伴，努力建立一个比较完备的组内行政分工系统，制定详细的小组任务并且将任务分工落实到个人。值得强调的是小组合作一定要充分发挥学生的积极性，避免抑制其主观能动性，对于学生的突发奇想，教师要做到及时指导。

2. 榜样示范法

“榜样示范法”就是通过树立典型、优秀的模范来激励学生，从而对他们的思想和行为产生影响，进而培养他们健康思想品德的教育方法。初中学生的模仿能力很强，因而选好榜样能够激发他们学习的积极性，使学生朝着榜样的方向前进。在集体主义教育的过程中，这种方法能以榜样的精神力量对学生产生深刻的影响，从而在模仿榜样的过程中逐渐使学生的思想和行为发生变化，进而改善对集体主义的错误认知，增强集体主义意识，逐步形成集体主义行为习惯。初中政治课集体主义教育中的榜样示范法可以通过社会模范扮演、伟人事迹讲解和班委评选等活动来实现教育目标。为了让学生感受到良好的集体氛围，并知道如何在集体中履行自己的职责，教师可以通过开展班委评选活动来运用榜样示范法。同时我们也要注意榜样的真实性，创造一个贴近学生生活的有感染力的榜样。

3. 情感教育法

情感教育是指在课堂上主动营造有利于学生的学习环境，正确对待学生情感和认识之间的关系，使教育能够更好地发挥情感作用，调动学生学习的积极性，用一种潜移默化的方式激发学生的情感体验。在集体中，培养学生的集体主义情感非常重要，集体主义情感是集体主义行为的催化剂，只有激起学生的集体主义情感才有可能引导学生将情感转化为行为。因此，情感教育在初中政治课集体主义教育中是不可忽视的，通过情感教育可以给学生们一定的爱和温暖，这种方法可以让学生在不知不觉中将情感转化为实际行为，使学生更愿意主动地接受班级的组织和管理，以让学生在个人和集体之间建立可靠的“情感联系”，实现“以情育人”的目标。教师可以通过“探索与分享”开展小组经验交流活动，通过学生分享自身的集体体验，激发起学生的集体荣誉感和自豪感，感受集体生活的温暖力量。值得注意的是在进行情感教育的全过程中，要做到情理相统一，坚持以情动人、以理服人的原则，对学生进行正确、科学的指导，并对学生进行恰当的鼓励。

4. 情境教育法

情境教育即给学生创设一个“真实”的情境，该方法所强调的“真实”即生活，用生活中的真实例子丰富学生的集体经验。教材上呈现的知识是前人的间接经验，能够让我们在短时间内快速地掌握大量的知识，但是这时所获得的知识毕竟是别人的知识，属于间接经验，而不是自己的直接经验，想要把间接经验转化为直接经验，只有通过学生自己动手发现、解决问题才能实现，教师应从学生的实际生活出发，解决教材与生活联系不密切的问题，这一做法可以实现教学内容生活化。教师可以通过利用多媒体技术来解决这一难题，即创设教学情境。

（四）完善集体主义教育评价体系

1. 完善集体主义教育评价方式

集体主义教育并不能一蹴而就，集体主义教育的任务和要求会随着社会发展和学生个体的成长发生些许变化，而集体主义教育是贯穿于学生的整个成长过程中的，针对集体主义教育这一特点，教师采用的评价方式一定要确保过程持续。根据新课标的评价实施建议可以采用描述性评语法、项目评价法、谈话法、定期访谈法、观察法、设置成长记录档案等方式对学生的集体主义认知做出客观的分析和评价。

2. 完善集体主义教育评价主体

集体主义教育是初中《道德与法治》课的一项重要任务，但集体主义教育并不局限于校园，集体主义教育目标必须通过家庭、社会和学校的共同努力来实现。因此，集体主义教育的评价体系也需要各个评价领域的参与，这就要求学校建立一个包括学生、家长、不同学科教师、相关社会角色和管理者在内的多主体评价体系。只有最大限度的汇集评价反馈信息，才能对学生做出相对客观公正的深入评价。在多主体评价过程中，评价者一方面可能会发现自己在教育过程的错误参与，另一方面，客观公正的评价可以帮助学生发现自己的弱点，有利于学生及时改进学习计划，使学习更有针对性。

3. 完善集体主义教育评价目标

初中政治课程的教学内容是建立在学生生活基础上的，这也是新课程改革的基本要求。评价是一种既有目的性又有计划性的活动，它是进行教学总结的前提。发展性评价作为发展性课堂教学最突出的特征，不仅体现在学生品德和能力的发展上，教师教学水平和思想修养的发展也是其评价的重要组成部分，因此，设置完备的发展性评价目标对于发展性课堂教学顺利开展意义重大。教师在制定评价目标时要注重学生的发展过程，将学生的动态发展作为鲜活的素材应用于评价中，紧紧围绕初中政治课程标准，确立一个切合实际的评价目标，从而达到通过评价可以促进教师教学发展和学生思想品德发展的目的。

第二章　初中政治教学方法的有效运用策略

第一节　初中政治教学中兴趣教学法的有效运用

在以往教学过程中，因受到应试教育的影响，很多教师没有给予政治这门学科应有的重视程度，这使初中政治课堂变得枯燥、乏味。在当前新课改背景下，要想切实提升政治教学成效，教师就要从学生对政治这门学科的学习兴趣着手进行教学改革。“如何让学生对道德与法治教学产生兴趣，积极主动参与到课堂活动中，掌握相应知识，具备良好的道德品质，树立法制意识，成为了教师教学重点考虑的问题。”①

一、兴趣教学法的基本认知

人们在对某件事、某个物品产生兴趣的时候，其实也是对其产生渴望的一种形式。兴趣教学法就是将学生的学习兴趣与教学活动相结合，以激发学生对本节课程的学习兴趣和注意力，促使学生能够接受教师进行课堂所学知识传播的一个过程，这种教学模式与传统的教学模式存在很大的不同之处，重点强调的是学生处于愉悦的氛围中进行学习，同时也在很大程度上调动了师生在学习上的互动性，有利于提升教师教学成效，学生从中收获知识，实现自身全面发展，比较符合当前新课改教育理念要求。

二、初中政治教学中兴趣教学法的运用方法

（一）在教学中创设故事情境

初中政治的知识点和重难点较多、较抽象，这给学生学习带来了不小的困难。而故事能让抽象的东西具体化，且比较容易吸引学生对故事内容探索的注意力，点燃学生学习热情。基于此，初中政治教师在实际教学过程中，可围绕初中政治教学目标，选取符合学生的年龄特征，具有新颖性和针对性的故事，通过话语描述或图片展示的形式为学生创设与教学内容相关的故事情境，这样在传达教学中重要的思想政治观念内容的同时，可以提升学生学习兴趣。一般而言，故事可以选取真实的生活事件，也可以选取历史故事、神话故

① 王燕尔．初中道德与法治教学中的兴趣教学法探究［J］．科教导刊（上旬刊），2020（16）：134.

事或民间故事的改编。这样，就能唤起学生的学习兴趣，调动学生学习的积极性。

（二）在教学中激发学生对政治学习的热情

在政治教学过程中，学生对这门学科的学习兴趣被调动起来之后，教师应该在实际课堂教学中使学生保持对本节课的学习兴趣，学生的学习兴趣可能会因为教师某方面失误而导致缺失，因此教师要在教学中重视对各个细节的关注程度。

第一，教师应结合教学实际采取多样化教学方式，从而为学生呈现教学知识。关于课堂教学类型主要有讲授、讨论、练习等，教学手段主要有音频、投影、视频等，教师可根据教学内容，通过借助以上教学类型及教学手段设计相应的教学方式。

第二，教师应将多种教学方式和教学手段交替性运用，在进行不同教学内容讲解时要采取不同形式的教学方式和教学手段，这样可以保持学生对政治这门学科学习的新鲜感，会使学生课上睡觉、课后不写作业现象逐渐消失，学生的政治成绩也会有所提升。

第三，教师要根据初中政治教学的需要，组织丰富多彩的教学活动，吸引学生的注意力。在平时教学活动中，教师要关注学生在课堂学习中的情感体验，具体而言，可以在课上组织角色模拟活动、知识竞赛活动等，增强课堂趣味性。这样可以有效地集中学生的注意力，使其以更大的兴趣完成政治学习任务。

此外，在发挥教师在课堂教学主导作用的基础上，教师还应该为学生构建各种教学条件，让学生处于整个课堂教学活动的主体地位，从而引导学生能够积极、主动掌握所学政治知识，这时候学生对相关政治问题进行讨论或辩论时，学生才会把所有注意力放在对某些问题的思考方面。

（三）借助当前社会热点事件提升课堂教学成效

初中阶段正是学生思维能力快速养成的时期，在实际生活中已经发生或正在发生的社会热点事件很容易引起学生的关注，对学生的思维、固有尝试等有一定的挑战性，同时对学生的思想道德观念也有很强的冲击力。基于以上，初中政治教师在进行思想政治教学时，可结合思想政治观念及理论知识对社会热点事件进行相应的解读，这样做可以更好地帮助学生站在理性角度上探究社会热点事件，并以此为基础指导自身的社会生活。因此，初中政治教师应该将社会热点事件引入实际教学，为学生的政治课堂带来更多新意，从而调动学生对政治这门学科的学习兴趣，进而提升课堂教学成效。

（四）设置教学问题，引出课程内容

设疑是调动学生学习兴趣的重要手段。在初中政治教学过程中，对于一些与现实生活

联系较为密切的教学内容，教师可为学生设置教学疑问，以引导学生带着解决疑问的心理学习本节课内容，这样能够激发学生的学习兴趣，增强学生对政治学习内容的深入理解和巩固。日常教学过程中，教师要认真研究教材内容和课标要求，在设置疑难问题时，紧密结合学生的思想实际和生活实际，在授课伊始提问，或者在重点、难点处提问，又或者在知识衔接处提问，刺激学生的求知欲，使之产生浓厚的学习兴趣。通过设置教学疑问，能够为学生之后学习新知识做好铺垫，也在很大程度上激发了学生对本节课知识的学习兴趣。

在初中政治教学中，教师应该创新各种教学方式进行教学，以激起学生对政治这门学科的学习热情。初中政治教学中的兴趣教学法的运用，旨在促使学生关注政治这门课的课堂教学，并从中获益，促使其借助所学知识及能力适应当前社会生活。

第二节　初中政治教学中合作学习法的有效运用

合作学习模式是组织学生以小组和团队的形式，进行学习或共同完成任务的教学模式，合作学习模式不是对学生的过度开放，而是通过学生之间划分明确的责任来达到相互促进、共同进步的学习模式。合作学习模式可以增强学生之间积极相互配合的团队协作能力，从而培养学生的自主学习意识以及人与人之间沟通交往的能力，对于促进学生全面发展发挥着重要的推动作用。“在初中思想政治教学中运用合作学习法，有利于完善传统初中思想政治教学的不足，将学生从被动学习转化成主动学习，培养学生的合作意识和精神，增强课堂教学的效率。”①

一、初中政治教学中运用合作学习的重要性

初中政治课堂教学可以将“教”“学”进行良好的双向互动，而“教”则是指教师在教学中所扮演的组织者、引导者角色；而“学”则是指学生在教学中所展现的主体地位。顺应素质教育时代的发展，新的教学理念更加重视学生的主体作用，而合作学习模式就是比较尊重学生主体地位的教学模式之一。在合作学习模式中，教师只是课堂教学的组织者和引导者，学生才是主体，学生通过教师的引导，在独立思考的基础上，通过小组合作的方式和小组成员共同完成学习任务。学生对提出的问题进行独立思考再深入探究，再以小组的形式开展合作学习，引导学生通过独立思考形成自己的观点，然后再利用合作学习的模式激发学生的创新思维，从而碰撞出新的观点和论据。

---

① 王东光：合作学习法在初中思想政治教学中的应用［J］. 西部素质教育，2016，2（23）：251.

二、初中政治教学中的合作学习的意义

（一）在合作中树立学生的学习信心

合作学习教学模式的引入，很好地改善了初中政治课程的教学氛围，为学生提供了展示自己才华和表现欲的平台，让学生在小组讨论和分析时可以充分展现自己、发表自己的观点和言论。因为小组讨论要求全员参与，即便是内向胆小的学生也要求发言，这些学生也可以通过偶尔发言来培养自己的性格。

教师可以让学生以小组为单位进行讨论、整理资料，而教师可以巧妙地给学生设置一些问题，让学生通过细化分工，每位学生都有自己的责任和使命，让学生充分地发挥自己的主观能动性参与到合作学习当中。而通过课程的教学，学生深刻地理解了公民的权利和义务，也了解了承担社会责任的重要性，当学生通过自己的积极参与完成教学目标后会形成一种很大的成就感和满足感，从而帮助学生树立学习信心。

（二）在合作中培养学生的创新精神

合作学习模式为学生搭建了一个良好的交流、探讨的平台，为培养学生的创新意识奠定了良好基础。通过运用合作学习模式，学生与小组其他成员进行充分的探究和沟通，从而不仅增强了学生学习的积极性，还深入挖掘了学生的探索欲，从而帮助学生挖掘出其自身的学习潜力和无限创造性思维。初中政治教学是一门错综复杂的学科，其包含的知识内容非常广阔且有深度，所以通过运用合作学习的模式，学生之间能更好地深入交流和分析，从而碰撞出创新知识的火花，而合作学习模式给学生提供了施展才华的空间和平台，激发了学生的创新精神和探索欲望。教师可以引导学生思考问题，让学生通过小组讨论和分析的方式，积极主动地投入学习活动中。学生在合作学习中畅所欲言，集思广益，教师应充分尊重每一位学生的“奇思妙想”，合作小组中的每一个成员都能在各种观点的碰撞中得到新的感悟。

在合作模式结束后，教师让学生再结合自己的观点发言，讲解的学生有理有据，而听的学生可以有质疑，再通过学生之间的探讨和分析从而得出结论，最终使每个学生对法律在我们身边的必要性和重要性有了充分的认识。这样的合作学习模式给学生提供了展示才能的舞台，学生在展示才能的同时也提升了自己的创造性思维，使他们在以后的学习与工作中能做到举一反三，懂得用创造性思维去思考问题。

（三）在合作中调动学生的学习热情

在教学中，教师应积极站在学生的角度引入趣味性教学模式，以增强学生的学习兴趣和积极性。合作学习教学模式，充分地从学生学习兴趣和课堂需求出发，对于激发学生的学习热情有良好的促进作用。在合作学习的教学模式中，教师只需要适当地引导学生，并在学生意见出现分歧的时候进行适当地指导即可，而在学生小组进行讨论和探究结束后，教师应根据学生的讨论结果进行适当的意见汇总，然后和学生共同确定学习目标。这种教学模式可以很好地促进学生自主探究和思考，让学生摆脱传统教学模式的被动性，充分调动学生的学习主动性和学习热情。

例如，在教学中教师合理地引入合作学习模式，积极引导学生思考和探究当前的网络环境以及互联网优势，然后再以小组的形式进行充分的讨论，让学生讨论当前网络给我们带来了哪些方便，导致了什么危害，小组成员在广泛收集资料、积累素材的基础上，翔实阐述各自的观点。在合作学习的过程中，激发了学生的学习兴趣，由此不仅使学生产生了竞争意识和自主探究的欲望，还让学生对如何合理利用网络有了清晰的认识。在学生开展合作学习的过程中，教师应给予学生充分的尊重和重视，从而促进学生将所学的政治知识很好地融入生活中，为学生今后融入社会奠定良好的社交能力。

（四）在合作中促使所有学生共同进步

合作学习模式恰好能弥补教师难以兼顾众多有差异学生的教学产生的不足，有利于面向全体学生，促进每一个学生的发展。在教学设计中，教师可以将全班同步统一的教学活动转化为少数学生分组的个性化活动，从而在合作学习小组中为每个学生提供尽可能多的个性化学习机会。教师的重点也从关注全班到关注每个小组，再到关注小组中的个人，从而为因材施教创造更好的条件。

在教学中，教师应不断引导学生注意观察和比较，发现不同知识点之间的异同，在比较中加深理解，从而巩固所学知识。在合作学习过程中，学生可以通过集思广益，协作攻关，使一些片面、零碎的结论逐渐相互配合，从而有效地使理解更加完整，结果更加完美。此外，在合作与交流中，学生逐渐学会勇敢地表达自己的观点，为学困生创造了提问的机会，在学优生的帮助下达到求知的目的；在帮助他人的过程中，学优生也使自己的知识得到进一步巩固，更加条理化，语言表达能力和逻辑思维能力也得到进一步加强，同时，在他们的合作与交流中，在其他同学的启发下，学优生的思维更加开放和深刻，这有利于培养他们的创新能力；而中等生在合作学习的模式下，就像水中的鱼，更容易受他人启发，知识水平和分析理解能力可以得到快速提高。这样，各个层次的学生都能得到不同程度的发展和提高。

合作学习模式是可以充分展现学生主体地位的重要教学手段之一，也是培养学生创新精神、树立正确学习意识的重要途径。因此，在初中政治教学中有效地运用合作学习方式，将全班同步统一的教学活动细化为小组中少数学生的个性化活动，为小组中每个学生的个性化学习提供更多的机会，从而为因材施教创造较好条件。

三、初中政治教学中合作学习法的应用路径

合作学习法在教育领域中被广泛认可为一种有效的教学策略，它不仅有助于提升学生的学习成绩，还能培养他们的合作能力、沟通技巧以及问题解决能力。在初中政治教学中，合作学习法同样具有显著的优势，能够激发学生的学习热情，培养他们的思维深度和批判性思维，下面将详细探讨如何有效运用合作学习法来提升初中政治教学效果。

（一）小组讨论与共享

为了促进初中政治教学的深入，一种有益的策略是将学生组织成小组，通过协作学习的方式共同探讨课堂上所涵盖的政治知识。这一方法的操作方式是，将每个小组分配到一个特定的主题或问题，然后鼓励他们在小组内进行深入的合作讨论。通过这种协作性的讨论，学生们有机会从不同的角度出发，审视问题，并共同寻求解决方法，从而达到对所学知识的更加深刻的理解。一旦讨论阶段结束，各小组将其讨论结果呈现给全班同学，这进一步促进了全班学生之间的知识共享和交流。

这种小组合作学习的方法有助于提高学生的学习成果和参与度。通过在小组中共同探讨问题，学生能够从不同的角度获得洞察力，拓展他们对政治概念和事件的理解。同时，与同伴的协作讨论能够激发学生的批判性思维和分析能力，使他们能够更深入地思考和探究。

在讨论结束后，小组呈现的成果不仅是对学生协作学习成果的展示，更是为全班带来了知识共享的机会。同学们可以从其他小组的讨论中获得新的观点和见解，进一步拓展他们的思维。这种集体性的知识分享有助于创造一个积极互动的学习环境，鼓励学生相互启发，共同进步。

（二）互助学习与互补优势

在初中政治教学中，鼓励学生在学习过程中相互协助，是一种有益的教学策略。特别是对于那些在政治方面表现出色的学生，他们有机会与其他同学分享他们的学习方法和思考方式，从而帮助其他同学更有效地理解和掌握知识。这种互助学习的方法不仅仅是简单

的帮助，更是一种促进学习的合作活动，能够在多个层面上带来积极影响。

那些在政治学科表现优异的学生可以成为学习的榜样，他们的经验和策略有助于激发其他学生的学习兴趣。通过分享他们的学习方法和思考方式，这些优秀学生能够引导其他同学更深入地理解政治概念和事件。这种经验分享不仅是一种知识传递，更是一种对学生之间互相尊重和支持的示范，从而增强了合作意识。

此外，互助学习能够满足不同学生的不同学习需求，实现互补优势。在政治学科中，学生的理解和学习能力存在差异。通过互相帮助，学习能力较强的学生可以通过解释和讨论来帮助那些有困难的同学。这种互助关系不仅使学生在学习中取得更好的进展，还培养了学生的合作技能，有助于他们将来在团队合作中更好地发挥作用。

（三）项目合作与深度学习

在初中政治教学中，一种高效的策略是组织政治项目合作任务，要求学生在团队中合作完成任务。举例来说，可以设计让学生共同策划模拟选举活动或制作政治海报等项目。这样的合作项目不仅仅是简单的任务完成，更是一种促使学生深入研究政治背景和政策的方式，从而实现对政治知识的深度理解和应用。

通过参与项目合作，学生将会面临更为真实和实际的政治情境，这将激发他们更深入地探索和理解政治知识。例如，在策划模拟选举活动时，学生需要了解候选人的政治观点、选民需求以及政治环境等，这将迫使他们深入分析和综合各种信息。在制作政治海报时，学生需要通过图文结合的方式，将政治概念和政策传达给观众，这要求他们将政治知识融入创意和表达中。

此外，项目合作还能够培养学生的团队合作能力和问题解决能力。在合作过程中，学生需要共同商讨和决策，充分发挥每个成员的优势，同时解决可能出现的分歧。这种合作体验能够锻炼学生的协调和沟通技能，培养他们成为有创造力和适应力的团队成员。

（四）辩论与思辨能力培养

在初中政治教学中，组织政治主题的辩论活动是一项富有成效的教学策略。这种活动鼓励学生从不同角度深入探讨政治问题，进而培养他们的思辨能力和批判性思维。这一方法激发了学生对政治话题的浓厚兴趣，同时提升了他们的问题分析和观点表达能力。

在辩论活动中，学生被分成不同的辩方，要在辩论中充分表达和捍卫自己的观点。这促使他们从多角度深入思考政治问题，挑战和丰富了他们的观点。通过与其他同学的辩论互动，学生需要理解并尊重各种观点，有助于他们提升思辨能力和逻辑思维能力。

辩论活动不仅鼓励学生批判性地思考问题，还激发了他们对政治话题的浓厚兴趣。通过参与辩论，学生将更深入地理解政治事件的背景和影响，加深对政治问题的认识。这不仅是单纯的知识传授，更是培养学生主动探索和了解政治现象的动力。

此外，辩论活动也有助于提高学生的问题分析和观点表达能力。在辩论中，学生需要快速思考，组织自己的观点，并清晰地表达出来。这种能力在政治学科中尤为重要，因为政治问题往往具有复杂性和多样性，需要学生具备辨析和准确表达的能力。

（五）教师引导与评价

在合作学习过程中，教师的引导起着至关重要的作用。教师在这个角色中既是指导者，又是激励者，通过适当的引导和反馈，推动学生的深度学习和合作效果。

第一，教师可以通过提供问题引导，引导学生思考和解决问题的途径。问题引导可以帮助学生聚焦关键点，从而更有针对性地展开讨论。这有助于避免讨论偏离主题，使学生的合作学习更加有效。同时，问题引导还可以激发学生的思维，启发他们从不同角度探索问题，培养批判性思维和创新能力。

第二，教师的评价和反馈在合作学习中起着监督和激励的作用。教师应该密切关注学生的合作过程，对他们的表现进行适当评价。这种评价不仅关注合作学习的结果，更注重合作过程中的态度、参与度和贡献。通过积极的评价和正向的反馈，教师能够鼓励学生保持积极的合作行为和学习态度，提高他们的合作效果和学习动力。

第三，在给予反馈时，教师应当注重具体和建设性。具体的反馈能够帮助学生更准确地了解自己的优势和改进空间，从而调整学习策略和合作方式。建设性的反馈应当指出问题所在，并提供改进的建议，使学生能够明确改进方向，逐步提升合作和学习的质量。

通过合作学习法的有效运用，初中政治教学不仅能够使学生更深入地理解政治知识，还能够培养他们的合作能力、思维能力和创新能力。这种教学方法不仅仅关注知识的传授，更注重学生的参与和主动性，使他们在学习中获得更为丰富和深刻的体验，为未来的学习和生活打下坚实的基础。

第三节　初中政治教学中探究式教学的有效运用

现如今要打造初中政治高效课堂就需要利用探究式学习的全新模式，这种探究式学习模式的充分利用能够对初中政治课堂的教学效果产生积极的影响。学生在探究式学习中可以分别负责不同的任务，由此能够充分挖掘学生的学习潜能，帮助他们更深刻理解所学知识。“探究式教学是培养思想政治学科核心素养的有效方式，它对培养思想政治学科核心素养有着必要性和重要性”。[①]

在进行政治内容的学习中可以对各种不同类型的学生进行多种类型的综合探究，教师从一对一的教学方式转变为一对多的针对性教学方式，这就可以使得初中政治课堂的教学效率大大提高，并且学生通过对政治内容的探究模式能够减少学生个人英雄主义的产生，学生在学习中不断地接受和吸收其他人的意见和想法，这对于他们思想结构的形成也是一种促进。

一、初中政治课堂开展探究式学习的意义

（一）有利于缓解理论知识学习压力

初中政治涉及的部分理论知识内容具有较强的抽象性，并且知识体系中概念化的内容较多，专业术语表达也较多，这便增大了学生对于政治学科内容的理解难度。初中政治教学中开展探究式学习，能够使学生将综合探究中的体验和政治学习中的情境相结合，从而理解政治内容中的哲学内涵，这也将有利于学生不断消化政治内容，有效理解政治中的一些概念，将政治概念化的东西化为具体，从而降低政治学习的难度，强化学生对于政治知识的理解范围，增强学生的学习热情，提高他们的学习兴趣。

同时，探究式学习理念的融入使得教学更为容易展开，在教学中构建探究式情境开展政治教学能够活跃课堂气氛，有效调动学生的学习积极性，增强课堂的趣味性，使学生深刻感受到政治学习的魅力。

（二）有利于塑造学生良好思想观念

在初中政治教学中融入探究式学习理念不仅有助于激发学生的学习兴趣，还有助于学生逐渐构建一定的政治思维和树立一定的政治意识，获得全面发展，与此同时，通过内化思想政治知识，形成良好的道德素养。

想要在初中政治教学中开展高效的探究式教学，教师需要挖掘教材内容中的生活素材，使政治知识和生活内容相贴合，从而生活学生对政治知识的理解，使得学生在日常生活中也能够对一部分场景产生政治思想，并领悟其中的哲学真谛，以这种方式潜移默化地影响学生的思想和行为，使学生能够将所学知识融入日常生活中，从而获得良好发展。

---

① 蒙俊霖．基于核心素养的思想政治学科探究式教学运用研究［J］．邢台职业技术学院学报，2017，34（04）：16.

二、初中政治高效课堂探究式学习模式应用策略

（一）注重合作教学，保证教学的高效性

教学的高效性是指教师在教学中不仅要遵循教学活动的发展规律，而且要把握学生的学习状态。这就要求教师在平时要多关心学生的生活表现，观察他们在生活中遇到的问题，以良师益友的身份为学生树立良好的形象，在树立形象的同时应该加强平时的课程教研力度，真正把学生放在教研的主体层面上。

新课程教学的高效性在于关注学生的身心发展的同时，鼓励他们与教师进行互动，在课堂上主动地学习知识。这样在摒弃了教师本位的思想观念后，教师从原来的权威者变成了课堂当中的引导者，顺应了新课程的高效性教学特性，重视学生在课堂和生活中的情感体验，从而全面提升他们的政治核心素养。

（二）创立教学情境，提高课堂的趣味性

在教学中，教师应注重提高课堂的趣味性和课堂知识讲授方式的灵活性。初中政治相关能力是基于学生自主学习的情况下培养的，因此教师要引导学生进行自主学习，从教育教学方式和思想传递两个方面入手，利用探究式的教学手段，引导学生主动吸收消化所学知识，通过理论知识的学习逐渐形成初中政治的概念。

自主学习能力的培养理念就是要把日常生活中的教学融入初中政治教学中，启发学生的初中政治思维，构建完整的知识体系，塑造正确的政治观念，培养勇于创新，敢于走在时代前沿的政治精神。

通过这一系列的教学能够达到新课程改革后对于初中政治教学的根本目的。学生在学习中拥有认真严谨的治学态度和坚韧不拔的学习品格。

（三）合理设置问题，激发学生的自主性

在初中政治课堂教学中，教师还应该合理设置一些便于学生理解的问题，让初中生根据教师设置的问题进行自主探究式思考，从而激发学生自主探究式学习的欲望，进而增进学生和教师之间的思想交流。

教师在营造氛围时，需要尊重每一位学生的想法，并尊重学生在课堂中的主体性，真正以学生的身心发展和实际出发，让学生能够通过问题看到事件的本质以及背后所牵涉的政治因素。这样才能够充分发挥学生的主观能动性，自主地去探究更多生活中的政治知识，以此提升学习的质量。

探究式学习在初中政治学习中非常重要，探究式的教学不仅能够激发学生学习的兴趣，还能够鼓励学生进行自主思考，充分发挥学生的主观能动性。在学生思考和探究的过程中，教师应进一步细化拆解政治知识，并将这些内容深化到学生的脑海中，提升初中政治教学的效率和质量。

（四）利用思辨教学，培养学生逻辑思维

思维模式不是与生俱来的，而是在后天的学习过程中逐渐养成的，思辨课堂中学生作为思辨的主体，需要一定思维模式的基础训练。在常规的数学思维模式中，逻辑思维和逆向思维比较符合小学生的智力水平。教师在平时的教学中和解答课堂问题的过程中，应注重培养学生的这两种思维，最好采用暗示的方法。

例如，学生在思考一些问题的时候不经意地触及到了逻辑思维，教师这时候可以告诉学生这种思维正是逻辑思维，正是数学常用思维中的一种。学生在了解了这种思维模式的定义以后会顺应自己的想法对这种思维常加练习。经过一段时间的实践后学生就会逐渐掌握初级的思维模式。

营造良好的课堂氛围对于学生思维能力的培养大有裨益，同时也是引发学生思辨的有力举措。教师要让学生成为思辨的主人而不是被动地思考问题。对此，教师就要注重引导学生熟练运用这两种思维模式。对于较难的逆向思维，部分学生难以做到快速掌握，教师就需要对其在数学学习中遇到的一些逆向思维习题进行解答，如之前所举的例子，能否通过正弦函数的两个已知条件推断出另一个条件，这就是一种思维能力的拓展。

第三章　初中政治教学理论的实践应用研究

第一节　激励理论在初中政治教学中的实践应用

一、激励理论的界定

“激励”一词由动机一词演变而来，其意为引起动机，刺激的意思。因此，首先要搞清楚的是动机的内涵。动机是人们从事某种活动的直接原因，是人行为的驱动力，通过这种驱动采用某种方法从而实现目标，满足人的需求。动机从两个方面产生：一种是内在的驱动力也可叫人的生理性需求，如人饿了要吃东西，渴了要喝水；另一种驱动力是人的社会性需求如人努力挣钱，人旅游消费。动机来源于人的需求。因此引发动机必须从人的需求出发。

激励是人类活动的一种内心状态，他具有加强动机的作用从而引导人们向既定的目标努力。从根本上说人是由需要引发工作动机的，因此激励的根本应该首先了解人的需求。学校激励的根本目的是正确了解学生的需求，从而引动学生的学习动机，在完成学校、教师的要求的同时完成学生的需求。增强学生的学习积极性。

激励主要是通过某种刺激让人兴奋起来。使人有一股内在的动力，朝所期望的目标前进的心理活动过程。激励也可以说是调动积极性的过程。激励机制是指在组织系统中，激励主体通过激励因素与激励对象（或激励客体）之间相互作用的方式。

组织行为学认为，激励是指对人的内在动力的激发、导向、保持和延续作用。它包括三方面的因素：某一刺激所引起的行为动力的激发，行为导向某一目的物，行为得以保持和延续。

作为管理心理学术语，激励是指持续激发人的动机的心理过程，主要是指激发人的动机、引导人的行为、调动人的积极性，发挥人的内在潜力，促使人们为实现某一既定目标而努力的心理过程。

综上所述，激励就是利用某种外部诱因对人心理或生理上的需求，通过鼓励，刺激从而让人产生某种行为达到想要的目标。

二、激励理论应用于初中政治教学的必要性

新课程改革标准要求教师要坚持科学的态度，努力走出传统教学误区，改变在传统的思想政治课教学中，过分强调传授知识，学科间自我封闭不与其他学科相渗透的方式。在实践中要求对学生的评价不能仅仅看考了多少分，而要看到底掌握了多少。新课标要求教师要注重学生思维、情感和行为方式的培养。新课改标准提出要以学生的发展为本的核心理念。以这一理念为指导的思想政治教材要求我们必须改变传统的教育教学方式，构建适用新课程教学的教学模式。新课改要求要以学生的自身能力发展为本，要求学生主体自主学习的能力提高，这就要求教师必须为学生营造相应的学习环境。要充分尊重学生的主体性和人格以激发他们的学习积极性。“激励是行为的钥匙，其本质为根据人的内在需要，唤醒人的潜能，激发人的发展。对于道德与法治课堂来说，教师可以利用课堂激励为学生创造、生成与学生生活实际相关的情境，并将此情境延伸、展开，以此丰富学生认知、情感的体验，促进知行合一。”①

多年来我们是在以教师为主导，以学生为主体的观念下学习的。这种模式教师是导演学生是演员，学生被动地跟在老师后面跑，学生很难有自己独立的判断和抉择。新课改要求学生要探究学习、自主学习、合作学习。这就要求教师必须转变原来的教学方式。要转变这种教学方式最根本的就是要调动学生的学习积极性，因此我们要用激励理论来改变我们的教学方式。

三、激励理论在初中政治教学中的实践策略

（一）激励理论实施的原则

如何能够有效的激励人，如何能够调动学生学习的积极性，这是一门学问，有关激励的理论很多，必须遵循一定的方式方法，才能充分发挥激励的效果，具体原则如下。

1. 公平性原则

公平理论揭示了公平的重要性，在实施激励理论的时候必须保证对学生的公平，不能过分地偏爱任何一位学生。在奖惩制度的制定上，一方面要考虑学优生如何奖惩，另一方面也要考虑学困生如何奖惩。在对学生的评价上，要以事实为根据，不能拿学生以前的表现作为参考。要做到公平，一视同仁。在对学生的表扬上不能一味地只表扬某一位同学，无论哪位学生取得了进步，教师都要表扬。关于公平性原则的运用，可以同班级的同学集体讨论，通过民主的方式形成一套同学认可的班级制度。这样每个同学都站在了公平的起

① 乐庆庆．课堂激励在初中道德与法治教学中的应用研究［D］．重庆：重庆三峡学院，2023：23.

跑线上。大家的机会均等，就看谁更主动地学习，谁的学习积极性高。在同学们认可的公平状态下，他们会展开竞争，积极学习。

2. 指向性原则

中学生处于人生的特殊时期，他们的人生观，价值观处于形成阶段，教师的以一言一行，哪怕是一个小的动作，一个眼神都会左右学生的思想。因此，在这个阶段对学生的激励要注意激励的导向性，帮助学生树立高尚的道德品质，帮助学生认清是非曲直，帮助学生树立正确的人生观，价值观。是学生在激励的环境中找到自信，完善人格，形成良好的品质。

3. 适时性原则

在运用激励理论的时候，一定要把握好恰当的时机，要“雪中送炭”更要“锦上添花”。在日常生活中教师要善于发现学生的闪光点，那怕一点点的进步，教师都要毫不吝啬的赞扬学生。在教学活动中教师要善于观察学生的神态，捕捉学生的信息，在学生有困难的时候，可以通过引导让学生展开讨论，通过讨论产生结论。对学生的结论进行表扬和鼓励，既解决了学生的学习困难。又有效地激励了其他学生。在激励理论实施的时候，肯定会导致一些学生的紧张和不适应，在这个阶段教师要认真观察和总结。及时调整实施的策略。以便激励理论得到更好的实施。

4. 按需激励的原则

人的行为动机的前提是人的心理需要，按照马斯洛的需求层次理论，人的需要是一个金字塔形的，只有当低级的需求得到满足，人才会要求更高的需求，需求人同时可能出现多种需求，需求的强度不同，主次不同。在对学生实施激励的时候，要研究目前学生的需求是什么，学生对哪种需求强度最高，比如学生到了节假日，他们可能最大的需要是要去娱乐，去放松。在这种前提条件下，最好不要强迫学生补课。如果强行让学生补课，学生很难有很高的积极性去学习。在对学生的管理中，一定要发现学生的优势需要什么，当暂时不能满足学生的优势需要时，就要想办法用“替代的目标”来满足学生的优势需要。

5. 正激励与负激励相结合的原则

正激励就是对人行为的正强化，当希望得到想要的结果时，就要对结果进行不断的肯定，通常采用承认、夸奖、赏识、信任等方式。当不希望看到想要的结果时，就要对结果进行不断的否定，通常采用惩罚、冷落、批评等方式。在对学生进行激励的时候，应该采用正负激励相结合的原则，过多的正激励会让学生产生麻木感，实时的负激励能为学生敲响警钟。因此，要结合实际，运用正负激励相结合的原则来鞭策学生。

6. 差异性原则

世界上没有两片相同的树叶，人与人是不同的，个体之间是有差异的，正是这种差异形成而来人之间的不同，每个学生都是不一样的，他们分别有不同的特征。在实施激励理论的时候，教师的课堂设计必须考虑到怎样让全班同学都积极地参与，怎样调动全班同学的积极性。每个学生都有不同的经历和感受，教师的激励必须从学生的实际出发，实事求是地去了解学生，了解学生的不同需求，制定针对性的措施促进学生的发展。

（二）激励理论实施的方法

激励的最终目的是为了调动人的积极性，创造性。人的需求不同，能产生激励的动机就不同，对激励的认可度就不同，在实施激励的时候除了要遵循一些原则外，采用不同的方法就会产生不同的有效果。因此，对于教师来说要采用合理的方法来激励学生。对于初中学生，主要有以下激励方法。

1. 目标激励法

目标激励是指通过设定一定的目标来调动人的积极性，激发人的动机，引起人的行为的一种激励方法。教师在通过设置目标激励学生的时候，要考虑到学生完成目标的可能性，目标太高，容易对学生造成压力，目标太低有很难让学生产生动力。因此，在对学生激励的时候设置合理的目标是目标激励的根本，要结合实际制定目标。

教师要为学生设置合适的目标，引导学生把精力转移到学习上，从而调动学生的学习积极性。在制定目标的时候，教师一定要让学生参与到目标的制定中，教师要和学生一起为学生设置合适的目标，如果教师单纯的设置目标，学生会觉得教师没有考虑他们的学习能力。会无视或者轻视教师制定的目标。在学生达到学习目标时，教师要加以鼓励、肯定、表扬以便于学生实现进一步的目标。当学生不能完成学习目标时，教师要找出学生不能完成的原因，调整设置的目标，以便学生实现目标。

2. 情感激励法

处于成长中的中学生，他们渴望知识，渴望进步，但是由于所处阶段的特殊性，他们的情感又是相对比较脆弱的，他们害怕得不到教师、同学的认可。因此，这个阶段的学生教师要进行适当的情感激励，培养他们的兴趣爱好，度过人生的青春期。

在课堂上教师是影响学生情感最活跃的因素，教师的示范动作，教师的语言行为，都会形成学生的情感感受。因此，在课堂上教师要用饱满的热情来感染学生，唤起学生的情感体验，在教学活动中，教师要善于观察和发现学生的情感特征，当学生无精打采时，教师可以升高语调或者开个玩笑的方式给学生以鼓励。在日常生活中教师要成为学生的良师益友，多关心学生的日常生活，在学生需要帮助时伸出援助之手。在课间教师要走进学生中，与学生谈心、交流。参见学生的课间活动，融入学生中间，在师生之间建起温暖的桥梁。让学生认可教师，喜欢教师。在课后教师要研究学生，通过各种途径了解学生，通过与其家长沟通，与其他代课教师沟通，及时了解学生的情感波动。当学生有困难时，及时地给予帮助。

教师对学生的情感激励是一种情感的共鸣，教师只有融入到学生中，换位思考，深入体验学生的情感才能充分调动学生的积极性，初中阶段的学生，由于身体的变化，心理也产生了微妙的变化，表现在学习上，可能对一些新知识迷惑不解从而产生焦虑。教师必须要善于发现学生情感的变化，又要用自己的情感去感染学生，感化学生。让他们树立克服困难的勇气和信心。告诉学生老师是他的坚强后盾，用真诚的心去帮助学生。

教师要去充分研究和了解学生的情感需求，用肯定的态度，关心的话语，美好的微笑，把对学生的赞美，肯定等积极的情感传递给学生，从而增强学生学习该课程的情感，进一步激发学生学习的兴趣。

3. 自我激励法

学生的自我激励，是学生行动的动力。在教育生活中，教师要鼓励学生自我激励。课前可以让学生做心理暗示，暗示我能行，这节课我能有很好的表现。在学生失落时，教师要指导他们，让他们明白他们都是独一无二的，都是金子，终究会发光的。教师要鼓励学生树立远大的目标，让学生为了目标而主动学习，学生有效的自我激励能够帮助他们走出失败的阴影，当学生遇到挫折时，教师要鼓励他们调整心态，保持向上的动力，失败也是一笔财富，让学生通过自己的努力走出阴影，用积极的心态面对以后的学习。教师要鼓励学生多读励志的书，多关心社会，从而让学生自我激励，提高学习效果。

4. 榜样激励法

榜样的力量是无穷的，有了榜样，人就有了参照物，知道了该怎样努力，初中生的模仿能力比较强，自己的行为往往会模仿身边的人，教师作为和学生最接近的人，很容易成为学生模仿的对象，因此，教师要身体力行，注意自己的言谈举止，为学生树立榜样。仰慕先进，崇拜英雄，也是这个时期学生的心理特点，因此，要充分发挥榜样的作用，在教学活动中，大力宣传，科学家，劳动模范等为社会做出杰出贡献的人物的事迹，为学生树立，生活上的，学习上的榜样。

教育无小事，教师只有做到真正的为人师表，才能为学生树立良好的榜样。无论给学生什么教育，无论每天给他什么样聪明而文雅的训练，对他的行为能产生最大影响的依然是他周围的同伴，是他看护人的行动的榜样。可见在教学中，除了教师之外，班级里的其他同学也是学生学习的榜样，因此，教师要在班级里选择学生心中的榜样，选出德、智、体、全面的同学带领其他同学共同学习，后进的学生因为有了榜样，会不经意的模仿，追赶，从而提高了学习效果。

5. 参与激励法

人们参与团队的程度越深，人的积极性就越高。参与管理，是人自我实现的一种需要。同时也是中学生自我实现的一种需要。作为教育者，每堂课、每个活动都要最大化地让学生参与。学生在参与中，一方面，得到了教师和其他同学的认可；另一方面，学生的参与也检验了学生的学习效果。一堂课要想上得有活力，上得生动，与学生的参与密不可分，学生的参与使学生的学习变得主动。学生开始为参与而精心准备，在参与中检验、完善自己的知识。在对学生的管理中，也要让学生参与进来，无论是班级管理制度的制定，还是班级活动的开展，都要让学生参与进来。让他们参与到活动中，体验成功的喜悦，能够激发他们的学习热情。当学生参与到教育教学活动中，他们会有很深的情感体验，会增加学生的归属感。培养他们的主人翁精神。在参与中学生形成良好的思维习惯和学习方式，通过参与沟通了师生之间，生生之间的情感。促进教学活动的开展。

6. 评价激励法

评价激励法是开发学生潜能，形成学生持续性学习的一种重要方法。教学中的评价激励要求教师要毫不吝啬地肯定、表扬学生。激发学生的学习积极性。在教学活动中，教师要对学生的课堂反应做出即时的评价，这种即时的评价有助于巩固学生的学习效果，肯定其课堂表现，有利于加深学生的知识记忆。当人的良好的行为得到肯定的评价时，会使人产生心理满足感，从而激发人积极的行为。教学活动中，有时会遇到学生回答的答案不知其所云，教师这时不能马上给学生做出评价。教师就要积极地引导学生，可以让学生再重复一下观点，让其他学生讨论一下，当有了正确答案时再做出评价。教师在对学生做出评价的时候要注意用词的准确性和激励性，要选用恰当的词语评价学生。在对学生评价的时候要采用语言性和非语言性相结合的方式，有时教师的一个信任的眼神、一个开心的微笑胜于千言万语。在对学生评价的时候坚持正评价与负评价相结合原则。充分肯定学生，又适时纠正学生，巩固学生的行为。

（三）激励理论实施的路径

1. 公平理论在初中政治教学中的应用

公平理论认为，人们的工作积极性与个人实际报酬绝对值多少有关，与自己所得报酬的相对值也密切相关。人们自觉或不自觉地将自己付出的劳动代价和其所得到的报酬进行社会比较，或者和他人比较，和历史比较，大多情况下人们习惯进行横向比较，比较后对分配是否公平做出判断。当人们感到报酬公平时，这种满意感就会对人的行为产生激励作用。

2. 目标设置理论在初中政治教学中的应用

工作动机理论认为，与绩效相联系的工作行为的最直接条件是职工的绩效目标，因此强调制定职工在将来某时间内要完成的任务，即设置目标的重要性。该理论尽管在企业工作领域运用的较多，但学校环境与企业环境有很多相似性，因此，该理论对于指导教育实践有重要的指导意义。目标是人们行为的动力，是人们行动的前提。每个人的行为都是有目标的，合适的设置目标能够诱发人的动机，从而使人积极工作。学生的成绩参差不齐，在给学生设置目标的时候要对症下药，只有给他们设置能够调动他们积极性的目标才能使他们发挥能动性，目标太高或者太低都不能有效地调动学生的积极性。

3. 强化理论在初中政治教学中的应用

一种新的强化理论，即行为主义理论，主要研究行为结果对动机的反向影响。该理论认为，为了达到某种目的，人们会采取一定的行为，这种行为将作用于环境。当行为产生对他有利的结果时，这种行为就会重复出现，反之，这种行为就会减弱或消失。根据强化的目的，把强化分为正强化和负强化；依据强化的方式，强化可分为连续性强化和间歇性强化。正强化通常采用的方式为对激励对象的肯定、奖赏、赞扬、信任等，负强化通常采用的方式为对激励对象的否定、冷落、约束、批评、惩罚等。在教育教学中正强化是通常采用的方式，但是长时间的表扬、鼓励会使学生麻木，难以产生激励的效果，因此必要时也需要负强化。

最好的方式是能把正负强化结合起来，并且很好的运用，这样才能起到鼓励的效果。经过长时间的研究，心理学家普遍认为，鼓励比惩罚更容易让人转变，因此要更多地运用正强化鞭策学生。教师要善于发现和挖掘学生的闪光点，因生而异，采用不一样的强化方式。

4. 双因素理论在初中政治教学中的应用

双因素理论，也称为“激励—保健因素理论”，双因素理论认为人的积极性的调动是从人的内部、由工作本身来调动的，工作对人的吸引力是主要的激励因素。与员工工作本身或者工作内容有关，能使人们产生满意感的因素，称为“激励因素”，如领导的赏识、取得的进步、获得的成就感等都是激励因素。把与工作环境或者工作条件有关，能防止人们产生不满意感的因素称为“保健因素”，如工作的条件、公司的政策、制度、管理、上下级的关系、地位、安全等都是保健因素。如果缺乏激励因素，将会导致员工把注意力放在对保健因素的追求上，保健因素的改善只能起到预防不满意的作用。

（1）从保健因素入手防止学生产生不满的情绪，主要采用保持班级环境卫生清洁、合理布置班级、通过讨论产生班级管理制度、在课间于学生同乐建立融洽的师生关系等方法保证保健因素。教室是学生活动教师活动的主要场所，一个安静、整洁、舒心的环境能令人精神振奋，情绪高昂，有利于创造性的发挥，因此教室布置上采用小组评比制度，与班主任一起评出最好的班级布局。在环境卫生上责任到人，为师生创造优美的教学环境。

（2）扩大激励因素。初中生十分渴望得到家长、教师、同龄人的认可。在课堂上、在生活中要当众表扬他们，要关心赏识学生，多看到学生的长处，每个学生都是有优点的，要充分肯定他们的优点，在公开场合当众表扬他们。这样学困生得到鼓励会产生自信，产生学习的动力，学优生会更加努力。在学生成绩取得进步时要及时开班会并且邀请学生家长参加，充分肯定学生的成绩。给学生当众的物质和精神奖励，充分肯定学生的学习效果，这样一方面肯定学生的学习效果，另一方面也让更多的学生肯定他们，必然会鼓励学生更加努力的学习。

5. 需要层次理论在初中政治教学中的应用

人类是有需要的动物，人类不但有经济方面的需要，而且有社会等方面的需要，需要产生了人们工作的目的和动机。不同的人或同一个体在不同时期会有不同的需要，需要是人行为的主导动力。人类的需要分为五个层次，即生存的需要（生理需要）、安全的需要、爱的需要和归属需要（社交需要）、尊重的需要、自我实现的需要。其中生存和安全需要属于较低层次的物质方面的需要，社交、尊重和自我实现属于较高层次的精神方面的需要。人的需要遵循递进的规律，较低层次的需求满足之后，才会产生较高层次的需求。或者对较高层次的需求强度不大。

初中阶段是人成长发育的关键时期，生理的变化使得这个阶段的学生性情复杂多变，个性差异明显。他们渴望独立地学习生活同时又渴望得到家长教师的关爱。

为了有效的提高学生的学习状态在实践中要满足学生以下需要，具体如下。

（1）尊重的需要。获得自尊和他人的尊重是人类所固有的一种基本需要，是人类不断寻求发展向上的内在动机，也是个体的自我观念具有可塑性的内在心理机制。对学生的尊重既要尊重学生的内心，尊重他们的认知水平、现有能力和在班级里的学习情况。又要在公开的场合高度评价学生，让其受到其他学生的尊重。在课堂上针对不同的学生的需求提问不同的问题，对于学习好的学生提问难度比较大的问题，对于学校中等的学生提问比较适度的问题，对于成绩差的学生提问一些简单的问题，充分尊重学生的学习能力。同样在布置作业的时候根据学生的不同求知需要布置不同层次的作业。在学生作业的完成情况中要充分肯定学生的学习效果，对作业完成不理想的学生要保持理智的头脑，不公开批评学生，采取鼓励和单独辅导的方式解决学生的学习困难。

（2）自我实现的需要。不同的学生对学习有不同的需要，学生学习知识是一个由低级需要阶段到高级需要发展阶段的过程。对于每一个学生来讲不同的时期有着不同的需求。

当一个学生的低层次需要得到满足后他的激励作用就会降低，只有不断地满足更高层次的需要才能有效的促进学生的发展。在课堂上一方面根据不同学生的学习状况，设置不同层次的问题、课堂练习来让学生完成。同时要注意不同学生的不同需求，根据他们的学习状况，设置一些更高难度的问题供他们练习，满足他们更高的需求。这样学生在自我需要得到满足的情况下感受到成功带给他们的喜悦和自信，能有效的调动起学习的积极性。

（四）激励理论实施的保障

1. 学校的支持保障

（1）乘学校改革东风、搭建实施的平台。在教育局的领导下，诸多中学都进行了教育改革，无论在学校的硬件还是软件上都发生了质的飞跃。学校的教育环境有了大的改变，为年轻教师进行大胆的改革尝试提供了契机，学校鼓励改革，鼓励突破。为了给教师提供良好的平台，提升教师的专业水平，学校要积极引导，开展青年教师听说课制度，开展青年教师读书会，派遣青年教师外出培训，并且聘请国内著名的教育家来学校做讲座。在学校的大力支持下，青年教师也开始大胆尝试新的教学方法。

（2）拓展校园文化，丰富育人功能。环境育人是每个教育者都认可的理念，校园的一草一木都会不自觉地对学生和教师产生影响。为了更好地拓展校园文化，学校在走廊、教室都张贴了能激励人的名言警句。为了产生学习的氛围，学校要求每个学生进校出校都必须带着书。为了丰富师生的文化生活，学校组织学生教师共同旅游。这些方式都潜移默化地提升了学习的学习氛围。促进了师生综合素质的提高，为师生更好的发展提供了保障。

2. 教师观念的转变与更新

（1）教师观念的转变。经过对初中政治新课程改革知识的学习，我觉得要想努力达到新课程标准对教师的要求，教师必须从传统的教学观中解放出来。当今时代是一个知识爆炸、科学精神与人文精神相互融合、机遇与挑战并存的时代。这个时代充满着各种诱惑、竞争和矛盾。教学观念是教学工作的灵魂，是教学实践的和保证。没有教学观念的革新不可能培养出高素质的创新人才。因此，教师要转变教学观念，形成适应新课改要求，适应当今时代发展的教学观念。

第一，教育以促进学生的全面发展为目标。要以人育人，促进每个学生的身心发展和个性发展。教师是一种特殊的职业，承担者为现代化建设培养建设者和接班人的历史重任。作为灵魂的工程师，教师的一言一行、都会对学生的未来产生深深的精神烙印。因此，作为领路人，教师必须努力提高自己的业务水平，转变教学观念，才能更好的树人。

第二，新的课程改革也要求教师转变教学观念，新课程无论从教材、理念、方式上都是与以往不同的，教材具有灵活性、多样性、选择性的特征。在理念上注重培养学生的自主学习观念，方式上强调学生的自主学习、探究学习、合作学习。这些都是与以往不同的。然而，相对于教师来说，已经习惯了原来的教学观念，习惯了原来的教学思路，在思维方式上，由于习惯的原因存在着思维的定式，这种习惯的思维会让人对新的课程标准有排斥性。因此，必须努力改变原来的思维方式，按照新课程标准来进行教学。

第三，必须树立正确的观念。教师要树立牢固的课程意识，在每次课程教学中，教师作为课程实施的主体，教师应该把自己的学识见解和人生经历融会到课程教学中去，用自己的眼光来审视课程，用自己的才华来丰富课程。不要把教材视为唯一的课程资源。教师要树立新的课程观，作为教师，要树立一种大课程观，使教学不仅通过教材来体现，更通过更为广阔的资源建设来体现。一方面，通过课堂让学生掌握必须掌握的知识；另一方面，通过丰富的课外活动补充巩固学生的知识。突破传统的“教材本位”和“教师本位”的课程意识，树立整合的课程观。

第四，更新知识观。新课程理念要求教师要更新自己的知识观。过去教师的教学侧重知识的训练，在传统的教学中教师的角色为“传道、授业、解惑”，强调知识的传授和灌输，忽视了对学生身心全面发展的开发。新的课程理念要求教师在教学中不仅仅是传授知识，还要培养学生的能力，要教给学生如何终身学习的技能。

（2）树立新的师生观。在传统教育中，教师与学生之间的关系被认为是教和生的学的授受关系；教师的教以传授知识为目的，学生的学以获得知识为目的。新的师生观认为教学过程不是单向的知识传授，而是由师生共同参与、共同协作的活动过程，教师要充分认识学生的认知规律，在课程实施时，教师只是课程的组织者和领导者，学生是课堂的主人，师生之间互动，学生之间互动，教师在课堂活动中启发学生，让学生交流、合作，充分调动学生的积极性，鼓励学生的创造性。

（3）努力提高教师的专业水平。当今时代知识日新月异，随着科技的发展，学生获得知识的途径越来越多，每个教师都存在着知识的盲区，教师只有不断学习才能充分地服务好学生。教师对于每堂课教师要理解新课标的要求和课堂教学的外延性，无论是课堂的导入、还是课堂的开展都要精心准备，在教材处理上一方面按照新课标的要求让学生掌握必要的知识点，同时兼顾教材的外延性，拓宽学生的知识面。

在教学方式上注重师生之间的互动，从教学目标入手设计，依据教学内容设计学生互动、师生互动的环节，以实现情感的交流，智慧的碰撞，让课堂活起来，以便达到教学效果的最大化。教师要树立活到老、学到老的理念，不断的更新教育观念，更新知识储备，完善自己的知识结构，以适应教育的发展。

第二节 时事热点在初中政治教学中的实践应用

初中政治课程的开展，主要是为了引导学生树立正确的“三观”，促使学生形成良好的思想道德素养。“时事热点是政治教学的重要内容之一，运用好时事热点可以引导学生积极关注国家大事、关心民族发展、认清世界形势变化，然后形成更加开阔的眼光及产生更加强烈的责任感与使命感。”①

一、时事热点在初中政治教学中应用的必要性

（一）符合素质教育需求

初中政治教学的主要目标就是推动学生全面发展，培养学生德才兼备的能力。将时事热点融入初中政治教学，有助于学生通过分析社会事件，增强自身辨别是非的能力，提高学生关注社会事实的程度，进而不断提高自身道德素养。除此之外，由于当前信息技术飞速发展，学生通过互联网等新媒体能够快速了解社会时事的具体时间，拓展自身知识面的同时，还能提高自身的信息处理能力，进而使得政治课堂教学能够更好的与时俱进。

（二）符合教学改革需求

传统初中政治课堂，教师通常采用机械式教学模式给学生灌输知识，尤其是政治课本中的知识具有较强的逻辑性，导致课堂教学氛围显得枯燥、乏味，无法激发学生的政治学习兴趣。而时事热点却与学生生活实际相契合，又是近期所发生事件，将其融入到政治课堂教学中，既符合新课改要求，又能增加课堂教学的趣味性，让学生将所学理论知识与具体实例相结合，有助于激发学生的政治学习热情，充分调动学生参与课堂学习的积极性，从而促进课堂效率的提升。

二、时事热点在初中政治教学中的运用策略

（一）恰当运用时事热点导入新课

第一，教师在进行课堂导入时，可以结合教学内容选择相应的时事热点，通过对时事

① 常亚斌．浅谈初中政治教学中如何运用好时事热点［J］．才智，2020（09）：70.

热点进行合理解读，能够快速吸引学生注意力，激发学生政治学习热情，以此保障课堂教学的顺利开展。在此基础上，教师可以采用多种教学手段，引导学生学习时事热点，如使用多媒体设备给学生播放相关新闻视频或短片，让学生在观看过程中帮助学生认识我国相关政策内容，鼓励学生积极思考，再据此导入本节课堂所需讲解的理论知识与内容。

第二，教师可以充分利用多媒体给学生展示党和国家最新政策、方针及工作路线等内容，让学生及时了解我国人民当家作主的本质，增强学生的爱国热情，强化学生作为国家主人翁的自豪感。因此，教师应该善于利用时事热点作为新课导入，引导学生通过社会或生活实际事例来理解课本中的知识点，增加课堂教学的趣味性，充分调动学生参与课堂教学的积极性，进而提高政治课堂教学效率。

（二）引导学生养成关注时事热点的习惯

政治学科的理论性知识较强，如果仅仅依靠教师讲解会使课堂氛围变得枯燥、乏味，如果利用时事热点来辅助课堂教学，能够在最短时间内吸引学生注意力，调动学生的学习兴趣。因此，初中政治教师在教学中应该注重培养学生自主学习的兴趣，让学生在校期间就养成关注时事热点的良好习惯，从而达到新课标下政治教学的目的。

教师可以引导学生从互联网、电视、报纸等多种途径收集有关新闻热点，并组织学生以“中华民族大家庭”为主题的讨论活动，相互交流自己对维护民族关系的理解或看法。在这一过程中，教师只是进行补充或点评，有助于充分调动学生学习积极性，增强学生社会责任感，从而促使学生养成良好的政治学习习惯。

（三）积极组织开展时事热点点评活动

初中阶段的学生受自身知识面限制，在面对社会问题时无法产生自己的见解与思考，这也是传统应试教育的症结所在。现阶段，在素质教育与新课改背景下，初中政治教师必须积极转变教学观念，避免让学生死记硬背或生搬硬套，要引导学生灵活思考问题。在教学中，适当开展时事热点评论活动，鼓励学生大胆地根据自己所学内容发表自己的见解和看法。这种将时事热点与教学内容相结合的评论活动，有助于学生政治思维发散，促进学生综合素质的有效提升。

综上所述，初中政治教师在教学中，运用时事热点辅助课堂教学内容，能够充分调动学生自主学习政治的兴趣，激发学生的政治学习热情，发散学生思维，促使学生对政治知识产生更加全面的认识，从而为学生的政治思维奠定坚实基础。

第三节　以人为本在初中政治教学中的实践应用

教书先育人，知识可以慢慢积累，专业素养也可以慢慢养成，但是如何做人才是一辈子要学习的主题。初中生正处于成长的关键时期，他们的世界观、人生观和价值观都没有养成，通过政治课程的教学，能够树立学生的科学理念，培养他们良好的道德修养。

基于当前初中政治教学的现状，积极开展以人为本的教学方式，制定完善的教学策略已经成为了大势所趋。它不仅能够顺应时代发展的特点，还有助于转变过去落后的教学方法，让学生体会到政治与人文素养之间的关系，从而实现高效教学的目标。

一、顺应素质教学理念

新课程改革不仅打破了原来的教学模式，还对教师教学进行了重塑。政治课程作为培养学生良好道德和正确三观的学科，在实际教学中必须要转变固有思想，将学生放在主体位置，并帮助他们逐渐适应学校生活，提高他们的集体荣誉感和团队精神。作为初中综合性课程，在学科教学中教师还要不断创新，站在学生的角度看问题，与他们进行平等的沟通，而不是摆出高高在上的姿态。同时，教师还要对新课程改革有一个新的了解，转变落后思维，确立学生的主人翁意识。

二、营造健康发展环境，关注学生的成长

初中生正处于青春期，他们在做事的时候易冲动，思想也不够成熟，唯有营造良好的学习环境，创设有助于他们成长的氛围，才能帮助他们度过懵懂时期，树立正确的三观。作为道德修养教学的课程，政治教师必须要给予学生更多的关注，与学生多交流、多沟通，挖掘他们的潜能，并鼓励学生扩展自己的眼界。

三、在教学过程中合理加入人文因素

人文情感与初中政治教学息息相关，唯有激发他们正确的理念，让学生树立爱国、爱社会、爱集体的理念，才算真正凸显了初中政治教学的深刻内涵。

同时，初中政治教学还要从学生兴趣的培养入手，结合学生的年龄特点、学习能力、情感诉求让教学变得更加生动和有趣，走出单一课程教学的弊端，激发学生主动学习政治的热情。例如，教师可以让学生利用假期时间观察身边的小事，并运用政治眼光进行评价，

在开学的时候听听学生的见解，给他们提供自我表达的机会。

四、进行多元评价，增强学习自信

传统的评价方式以硬性考试分数为标准，来评价学生的好坏，这样无疑会让学生造成其他方面能力的缺失，同时也得不到全面的发展。美国心理学家提出多元智力理论他认为人类至少有 7 种认识世界的智力方式，即语言、数理逻辑、视觉空间、身体动作、音乐、人际和自我等。所以对于学生的评价并不能仅限于考试成绩，而要进行多方面的考量，才能有效地发挥评价的激励作用，提高评价的信度和效度，让学生在多元评价中了解自身的优点和不足，在增强自己学习的信心的同时，也能够有针对性地查漏补缺，及时弥补自身的不足。

●第二部分 高中政治有效教学及实践运用

第四章　高中政治教学中模式的有效运用

第一节　高中政治教学中翻转课堂教学模式的有效运用

“翻转课堂”又称“颠倒课堂”，从表象上来看，是把由“老师教、学生学”转变为学生自学、老师引导。翻转课堂教学模式是在课前教师对新知识进行预设，引导学生学习，课堂上分类解决学生遇到的问题，在条件允许的情况下，对学生进行一对一的辅导。在课后，对已经学过的知识加强巩固，再创新知。

一、翻转课堂教学模式的基本认知

从本质上认识翻转课堂教学模式，需要深入理解翻转课堂教学模式的起源、发展，以及它在教育教学过程中所表现的优缺点，更重要的是翻转课堂在被引入国内后本土化的研究以及实践的走向。

（一）翻转课堂教学模式的界定

翻转课堂教学模式源于美国，短短十几年的时间里，风靡全世界。翻转课堂教学模式借助信息技术，把知识重新建构，把传统的学习流程打乱，重新组织。把课前学习与微视频学习深度结合，让教师由原来的教学管控者转变成为学习的组织者，让学生由原来的被动接受者转变为主动的参与者。

翻转课堂教学模式打破了传统教学的结构和流程，立足于以学生为主体，教师为主导，把知识的框架结构前置，让学生在课前完成对知识的第一次认知，并在学生的头脑中形成问题点。在课堂上，教师的核心任务就是把这些问题引导出来，采用个性化的教学方法，

解决疑难问题。在课后，学生对教师的解读进行再梳理和复习巩固，完成学习过程。很明显，这一颠倒过程，把学生推向了前方，提高了学生的主动性，基本的知识在课前已经完成，在课堂上的40分钟，教师有足够的时间和精力，个性化地解决学生存在的问题；这一颠倒，有利于打破传统教学中存在的学生学习效果分层现象，有利于全面完成教学的任务，真正实现育人的目的。

（二）翻转课堂教学模式的理论依据

1. 建构主义理论

建构主义由行为主义而来，通过皮亚杰、杜威、维果斯基等人，使行为主义有了从认知主义到建构主义的发展，这不仅仅是认识论上的发展，同时也是学习理论的进步，同样也给传统教育带来了一场革命。

（1）建构主义的学习观，强调学生学习的自主性。学生是在已经积累过的知识的基础上，通过教学活动学习新的知识，通过新旧知识的学习和有效互动，能够在原有知识的基础上，建立起对知识更加深入的理解。

（2）翻转课堂教学模式在与高中政治教学应用过程中，强调学生在对新事物的认识前，要完成对知识的再认识，再构建，建立属于自己的知识体系和知识架构，以便更好地去理解新事物，接受新事物。

2. 教育目标分类法

教育目标分类法可以看作是“自下而上”的，对教学目标的分化凸显在记忆、理解和应用，分析、评估和创造这些更能提升学生学习力和整体素质的模块并不在显现的位置。翻转课堂在翻转课堂教学的过程中，无疑也翻转了教育目标分类法，提倡“自上而下”的目标定位。教师力求在课前完成记忆、理解和应用的目标，在课堂上，教师的注意力放在解决困难，引导学生向分析、评估和创造目标推进。事实上，教师在引导学生向更高级的目标迈进的时候，提升的不仅仅是学生的学习能力，更重要的是引导学生从自我挖掘学习动力，从而提升整体素质。

（三）高中政治课的教学目标

明确的教学目标，是应用翻转课堂教学模式的第一要求。面对高中政治课堂教学实际，如教学总课时少，知识点繁多，学生又大多脱离书本知识所描绘的宏观环境。基于此，教师在进行翻转课堂教学模式教学的时候，首先要制定自己的教学目标，并对目标进行分类，划出层级，逐步实施。

1. 追求教学目标的实现

新课标中强调对学生核心素养的培养。面对传统课堂教学模式，很难实现课程标准中的既定目标。结合翻转课堂的内在特质，有利于凸显学生在学习中的主体地位，提高学生学习的主动性，增强学生的学习兴趣。再者，在现有的教育教学实际中，很少有学生能够得到学校之外力量的帮助，特别是家长的帮助，单从书本知识出发，很难提升学生的分析能力和创造能力，这是与新课程标准的培养目标相违背的。

2. 推进学生更加自主地学习

高中三年，是学生从 15 岁到 18 岁成长的三年，这个年龄段的青少年，个性鲜明，拥有一定的自我判断能力。在思维形式上，将由具体思维向抽象思维转变，接受新事物能力强。在面对这样年龄段的学生，教师依然采用传统、固化的教学模式，无疑会扼杀学生一些重要能力的提高。提升学生学习兴趣，进而提高学生的自主学习能力就十分必要，如果不理解知识，知识的记忆就会是机械的，甚至是无效的；如果缺少对知识的评价能力，知识就是成绩的装潢，考完就丢失了价值；如果缺少创造的能力，知识的价值就不可能体现，学生只能限于知识的重复记忆，不可能找到自我开掘的动力和方向。

翻转课堂把知识框架放在课前，学生通过课前自主观看教学短视频，结合教学视频和知识框架学习，完成在传统课堂要花大量时间才能完成的任务。在翻转课堂教学模式学习流程的影响下，培养学生主动预习、自我思考的习惯，更重要的是，在预习过程中，学生能够形成问题意识，自己去挖掘知识内部的关系，形成问题点，这个问题点的出现，就标志着学习已经进入了一个新的阶段。

（四）翻转课堂教学模式应用在高中政治教学的特性

1. 时政性

政治教师所教的内容不仅仅是课本上的内容，更不是一成不变，除了要带领学生关注时政热点，还要引导学生做好理性分析与解读，自觉投身到社会主义伟大建设中去，深刻理解中华民族伟大复兴的意义。

（1）在《政治生活》部分，课程部分与时政结合更为紧密，缺少时政的学习和解读，政治生活的学习是不完整的。

（2）《生活与哲学》部分，对于大多数学生来说，理解起来有一定的难度，除了哲学部分的内容比较抽象之外，更重要的是哲学部分离学生的日常学习生活比较远，而且哲学内容广博浩渺，而教材上是以“人类智慧的结晶”的语气，以点对点的知识布局来展现的。学生很难得到哲学的整体叙事逻辑，只能以纯粹记忆的手段来学习。因此，哲学部分的授课，更需要与相对应的时事政治相结合，引导学生去理解、评价，并从中学习哲学基本原理。

（3）在《文化生活》部分，内容比较贴近学生的日常生活，学生喜欢，学起来就轻松，但是，文化就是因为离学生很近，更需要以更贴近的日常事务来贯穿，引导学生对社会上一些现象的正确理解，并给予理性的评价，帮助学生树立正确的人生观、价值观和世界观。这也是高中政治教学与翻转课堂结合后形成的新教学模式与其他学科的区别。

2. 德育性与智育性相统一

德育与智育是思想政治课肩负着的双重任务。高中思想政治课要对学生进行世界观、人生观、价值观进行正确引导的任务。高中三年，在一定程度上塑造了学生的世界观、人生观和价值观。这个年龄段的学生已经具备一定的判断是非的能力，但是性格上的不稳定，热衷于追求个性，会在一定程度上影响三观。高中政治课教师，更加需要去关注每个学生的学习和成长。

那么，教师如何从繁重的教学任务中抽身出来，做到有效教育就显得十分重要。翻转课堂在政治课堂中的应用，最重要的一点，就是个性化学习。教学程序的重新规划，就有机会打破传统教学模式下的教师与学生“二元并立”的局面，为教师与学生“一元共进”的新生态。在这种新生态环境下，教师力主褪去课堂管控者的光环，转变为学习活动的组织者，学生摆脱课堂跟随者的状态，转变为学习的主人。在这种新生态环境下，政治学科教师既是任课教师，又承担了“班主任”的部分工作，使政治课堂转变为知识的海洋、心灵的港湾、理性思维的殿堂。政治课堂所构建的微环境，能够深入影响班级的每一个成员，帮助学生更全面的发展。

二、翻转课堂教学模式应用高中政治教学的意义

信息技术已渗透到经济发展和社会生活的各个方面，人们的生产方式、生活方式及学习方式正在发生深刻的变化，全民教育、优质教育、个性化学习和终身学习已成为信息时代教育发展的重要特征。翻转课堂教学模式的出现是信息化时代的产物，翻转课堂教学模式与高中政治课的结合，为高中政治课堂提供了机遇与挑战。

（一）有利于缓解传统教学模式下高中政治课教学的困境

传统教学模式下，高中政治课陷入了困境。纯知识的教学已经不能满足学生的需要，更不能完成课程标准中“以德树人”的根本任务。高中政治除了需要更新知识之外，更需要重新定位教师与学生的关系。信息化迅速发展，已经把学生包围其中，更重要的是高中要培养的是新时代的建设者和接班人，需要合理利用网络资源，让学生有意识地、理性地

去利用网络资源。从学生需要的角度出发，政治课的教学需要结合网上课程资源，就需要转变教学模式。翻转课堂教学模式旨在培养学生的综合素质，释放学生的潜能，从而在教师层面和学生层面不被传统课堂教学模式束缚。

1. 有利于提升高中政治教师的综合水平

高中政治课教师对于学生的世界观、人生观、价值观的引导与塑造，以及人文素养的培育具有重要的作用。翻转课堂教学模式对于教师，提出了更高的要求。

（1）高中政治教师由原来知识的讲授者转变为知识的组织者。学生对教材知识的深度学习，需要教材外更丰富的知识来补充。组织知识主要包括对书本知识的再构建，形成更适合于学生理解水平的知识模块；还包括通过网络收集能够引导学生思考的动态解读（例如视频）；还包括与相应知识点有关的专著、论文新观点的推荐和分享。

（2）高中政治教师由原来的课堂控制者转变为学习的组织者。教师在拥有适合进行翻转课堂教学的知识准备的同时，还要具有课堂学习的组织能力。翻转课堂与传统课堂相比，整个课堂分为三部分：课前、课中和课后。在课前，教师除了对知识进行透彻的把握，还要对课堂知识进行分层提炼，划分教学目标，预设知识难点。同时，教学微视频的制作也需要教师付出更多的时间和精力。在课中，教师要高效组织课堂的 40 分钟，促使学生在课前生成的问题点的呈现，并有效解决。在课后，教师还需要跟踪效果，为下一次上课做好准备。在这种情形之下，教师不仅仅需要更充实的专业知识，还需要提高自己制作微视频的能力。

2. 有利于提高学生的综合素质

学生的学习力弱，学习效率低是高中教学过程中面对的基本问题。高中联结着初中和高等教育，高中学生从入学开始，就面临着学习方法的转变。传统的教学模式，只会把初中的学习方法变形推进，不利于学生转变学习方法和思维教学模式，影响学生的整体发展。翻转课堂在打破传统教学模式的基础上，就需要重新梳理高中知识的结构，重新规划教与学的流程，翻转课堂通过课前播放教学微视频，这就需要学生自主地去学习教材上的知识。动态的视频有利于提高学生的学习兴趣，有利于提升学生在学习书本知识点的同时，去自我思考，去发现问题的能力。

3. 有利于开发具有针对性的教学资源

传统课堂教学模式以教材内容为纲，翻转课堂教学模式以学生能力为纲，从教育目标分类法来看，就很容易得出翻转课堂教学模式与传统教学模式之间的本质区别。翻转课堂在概念层面，是对教学流程的翻转，在流程的背后，是对传统教学模式的整体打破，重新建构。翻转课堂翻转的不仅仅是课堂，更重要的，或者说放在首位的是教师教育理念的转变。

没有在心理方面做到对翻转课堂的认同，是很难做好翻转课堂教学模式教学的，这是基础性的，根本性的。开发丰富、有针对性的教学资源，无疑是纠正传统课堂弊端的有力工具，更是翻转课堂有效进行的先决条件。随着信息化的大发展，网络交互的普及，教师通过网络就可以轻松获得大量的教学资源，如视频学习资源，时政热点及解读资源。

（二）有利于学生的深度学习

从教育目标分类法来看，传统教育教学模式把大量的时间和精力投放在浅层的教学目标上，即对知识的记忆、理解和应用，真正影响学生整体素质发展的分析、评价和创造等目标最终会变成极少一部分学有余力的学生的事情。翻转课堂教学模式翻转了布鲁姆教育目标分类法，旨在引导学生进行深度学习。

1. 引导学生主动学习

翻转课堂教学模式就是要把学习的主动权交给学生。教师在构建自己的翻转课程时，出发点就应该是重新唤起学生的学习兴趣。教师在开发课程资源的时候，就是充分把握高中学生的心理特点，从学生的兴趣、课程的需要出发，整体把控，全面推进的。翻转课堂教学模式把教学过程分解为三部分：课前、课中和课后。课前的预习打破了传统教学模式的材料单一、形式固化的弊端，以学生喜闻乐见的视频、时政新闻为切入点，提高学生的兴趣，促进学生主动参与。另外，课中的教学也在一定程度上促使学生做好课前的预习。在课堂上，教师最大的任务就是把学生的问题点、困难点展现出来，利用教师引导、小组讨论等形式完成教学过程，在这个过程中，教师就拥有时间和精力进行一对一的指导。在课后，教师加强了与学生的联系，有利于准确掌握学生的学习动态，做到有效跟踪和指导。三个环节相互辅助，相互促进，有利于实现课堂的全员参与，整体提升，逐步推进学生的深度学习，提高学生的整体素质。

2. 提高学生在课堂中的参与度

没有参与就没有课堂。教师要坚信学生在内心是真的想学习的，并且是想学好的。课堂组织越具有参与性，学生就会越想参与其中，并积极为上课做准备。基于此，设计一个有利于学生参与的课堂，是教师首先要做的。翻转课堂教学模式在整体上以学生的兴趣为方向，以提高学生的参与度为基础，以增强学生的深度学习能力为目标，从流程到细节，从课前到课中再到课后，既可以实现为主动性学习强的学生解决困难点，又能够为主动性差一点的学生做到个性化辅导，在这样动态的微环境下，每一个学生都有机会实现自己的学习目标，促进其积极参与后续的课堂教学，逐步提高。

三、翻转课堂教学模式应用在高中政治教学的对策

翻转课堂教学模式与传统课堂教学模式相比，有很明显的差别。翻转课堂教学模式应用于高中课堂教学中需要相应的策略。能够将合理、符合本土教育教学环境的教学策略应用在翻转课堂教学模式上，在翻转课堂教学模式的引领下，形成各具特色、又符合所教班级学生的策略，是推进翻转课堂有效应用的基础。

翻转课堂教学模式应用在高中政治教学面临的问题主要体现在以下方面：

（1）如何制作微视频以及重构知识框架。这就需要教师在充分熟悉课程内容的基础上，对知识进行分层、整理、重构。教师要搜集、整理大量的视频、文字资料，并从中挑选适合课程内容的资料，同时还要求教师拥有视频下载、录制、剪辑等能力，能够在 5 ~ 8 分钟的视频里表达本节课的内容，满足不同层次学生的需要。微视频和知识框架可以组合用，也可以单独用，不建议完全拘泥于形式，要根据教师所处的环境合理应用。学生通过知识框架，能够从整体上把握本节课的知识脉络，理解知识之间的逻辑关系，也有助于引导学生形成问题点，为上课做好准备。同时，学生通过观看视频，能够更直观的理解，在观看视频的时候，需要学生做好观看笔记，形成自己的问题点和困难点，为上课做准备。

（2）如何教会学生观看视频并能够与视频互动。观看翻转课堂的视频，不是在看电影，要想吸引住学生，需要对学生进行专门的培训。学生在仔细观看、聆听的过程中要处理视频中的信息，需要学会暂停和记录笔记，更重要的是在观看后 5 分钟之内，就要形成自己的问题点和困难点，基于此，教师需要在翻转课堂教学模式应用之前，对学生进行一段时间的培训，并从其中发现问题，及时纠正，才能在其后的教学中收到效果。

（3）如何展现学生的问题点，巩固强化所学知识。这是考验教师教学组织的能力。教师可以通过分组，采用同伴互助的方式进行，但是一定要通观全局，在一个短的教学周期内（一般情况下为两周），使小组每一个成员都有提问或解答问题的机会。再者，教师需要抽出精力，对部分同学进行个性化的辅导。

（一）构建翻转课堂教学模式在高中政治教学中的应用环境

翻转课堂教学模式的实施首先立足于翻转课堂教育教学氛围的创建。目前市区高中已经配备了多媒体、电子互动白板、投影、录播教室、微机室等必备设施，这些为翻转课堂教学模式的实施提供的基础设备。在这种情况下，有效应用翻转课堂就需要对传统课堂教学模式做出较大的改变。

1. 转变教师的教学理念

教育的现实在很大程度上是在应试教育的逼迫下，把素质教育人为地异变，从而丢失

了素质教育本来应该有的样子。教学理念是教师进行有效教学的指导思想，伴随着时代的进步，公民素质的普遍提高，教学理念也要顺应时代的发展，不断地创新与发展。

（1）正确认知学生的心理发展。处在青春期阶段的高中生，对新事物充满了好奇和探究意识，在一定程度上拥有认识自我、发展自我的需要和能力。但是，个性特点发展的不平衡，会导致部分学生在思想上、日常行为上表现出极端或偏执的现象。高中教师，特别是政治课教师，准确认知学生的心理发展，是提高学生管理，促进有效学习的基础。翻转课堂教学模式无疑为教师关注学生心理发展和学习程度提供了良好的机遇与方法。

（2）养成学生学习的主人翁意识。在理想的教学进程中，所有的学生都喜欢所有教师的课。学生会对教师的授课更加感兴趣，他们会积极主动地参与进来。但是，在现实中，并不是每个学生在课堂上都会积极主动，自主地参与到课堂中来。教师要真切地把课堂转变到学生的手里，从之前的掌控者、灌输者、享受学生仰慕的精神世界里退出来，利用与学生更加相关、有意义的课程内容吸引学生，进而下放选择权，让学生走向课程设计、学习的前端，培养学生学习的主人翁意识。伴随着职业规划、生涯规划课程的开设，相信会对一部分学生起到引领作用。翻转课堂教学模式下，教师除了准备完整的课程，更需要协助班委处理班级的人际关系。良好的人际关系所形成的班级文化氛围将有助于翻转课堂的有效应用，同时，翻转课堂的应用在本质上也有利于班级良好人际关系的形成。

（3）增进师生的和谐关系。教师如果想让学生在课堂上拥有主动性，积极参与自己的课堂，和谐的师生关系必不可少。教与学是互为存在的前提，教学相长。和谐的师生关系，能够使学生亲其师而信其道。教师在教学的过程中，做的最主要、最频繁的工作应该是放下身段与学生进行沟通。在沟通中引导学生对上课的形式、效率、直接结果进行评价，针对学生的评价进行认真的记录，在下一次课堂上就要有所变化，从而让学生知道教师关注他们的想法，并积极去改变。

2. 培养专业化的教师队伍

教师教学质量的高低直接决定着学生的学习效果。教师作为学生学习的组织者和引导者，起着“传道、授业、解惑”的作用。合格的教师能够指导学生养成正确的学习习惯，掌握正确的适合自己的学习方法，在学习的过程中，做到事半功倍。在翻转课堂教学模式下，对教师提出了更高的要求。

教师需要转变教学思维，翻转课堂教学模式下，学习是一种混合式学习。在这种混合式学习下，唤起了学生多方面的信息接收能力，有利于促进学生深度学习。同时，教师也要不断地学习，全面提高自己的能力，特别是面对大量信息的采集和整合，微视频的制作等，都对教师提出了挑战。

（二）翻转课堂教学模式下高中政治课程教学设计

1. 课前准备阶段

翻转课堂的课前准备包括教学内容的选择，知识的分层，知识框架图的制作，微视频的录制。

（1）选择教学内容。高中政治必修模块分为经济、政治、文化、哲学四个部分，针对每个部分的知识特点，以及每部分、各个框题的教学目标，教师需要选择真正适合翻转课堂教学模式的内容进行组织。例如，以下内容可供选择翻转课堂教学模式教学的参考。

第一，知识点比较多的框题。例如知识点多且交叉明显的单元，学生不好理解和掌握，但知识分层明显，有利于翻转课堂的有效应用。

第二，内容与学生日常生活贴近的框题。例如一些单元的知识点贴近学生的生活，学生有话可说，对于深层次的展开，学生也愿意深入学习，有利于翻转课堂的有效应用。

第三，内容抽象的框题。例如哲学部分唯物论，辩证法和方法论等知识，相对抽象，学生在学习过程中不好理解，多属于知识分层的高点知识，需要在课前进行扩充资料引导，课堂上进行深入探讨，一对一辅导。

（2）知识框架图的制作与发放。知识框架图针对学生要有导引作用，指明学习的目标。知识框架图的制作要结合高中生的心理特征和政治学科的授课特点。知识框架图要展现出知识的分层，引导学生一层一层地学习和理解。

第一，知识框架图要引导学生培养整体思想，从全局把控知识，自觉构建知识体系。

第二，知识框架图要有明确的预习目标，并要求学生在完成目标任务后，有标记、有问题点展现。

第三，知识框架图的发放由课代表负责，各小组组长协助，统计预习任务完成情况，评价知识框架图制作效果。在教师引导下，逐步转变为由学生以小组为单位制作知识框架图，增强学生的参与，培养主动学习，自我学习的意识。

（3）微视频的制作。一个高质量的教学微视频对于学生的课前学习起着基础性的作用。微视频的制作的重要性也就不言而喻了。微视频就是把课堂上将要学习的重点知识进行整合，学生课前预习。录制高质量的微视频要考虑以下三点。

第一，在技术要求上，要在安静的房间进行录制，视频要有注释，视频除了在课堂上应用外，要及时在线上传，以备需要的学生随时学习。

第二，在内容上，视频要控制在十分钟之内，只针对一个话题展开；视频中要有提问，引导学生思考；在关键知识上，提醒可以暂停，做好记录。

第三，微视频可以和同事或志同道合的校外教师共同制作；录制时要注意如何更有效地互动，提升学生的参与度。

2. 课中教学阶段

（1）教学氛围营造。执行“5+10+10+5+10”的教学时间分化结构，营造紧张有序、积极有效的教学氛围。每个时间段都有相应的教学任务，教师真正讲授的时间会控制在5分钟之内，教师的核心工作就是组织各个阶段的有序过渡，使整个课程有序进行。

（2）个性化辅导。在翻转课堂的教学模式引导下，有利于学生进行个性化的学习，在整个课堂流程中，教师会拥有更多的时间和精力对学生进行个性化的辅导。同时，在课堂上，学生有机会对分层的知识点进行学习，或者进行小组讨论，自己提出的问题会得到大家的回复，得到教师的认可和点评。教师在组织讨论的过程中会对还存在困惑的学生进行一对一的指导，帮助他解决问题。

3. 课后评价阶段

在整个翻转课堂教学过程中，课后评价是其中重要的环节，评价可以有多种形式。翻转课堂教学模式是要提升学生课堂的参与，培养学生主人翁的意识，所以在评价的时候，需要采用多元的评价方式。从课前预习的完成度、课中参与度、课后反馈积极性等方面对学生进行全面评价，让学生树立只要有进步就会被看到，哪怕小小的努力也能得到班级同学的认可和教师的鼓励。教学评价的首要目标是让学生清晰地认识到自己的学习状态，并从中得到反馈，增强自信心。

新课程改革要求发挥学生的主体作用，充分尊重学生。如何做到人性化的评价，主要体现在教师对学生的理解，包括班级整体状况，班委在班级中的公信力，小组成员之间的关系是否和谐，以及一个阶段内学生对课程内容的接受度，教师在学生心目中的形象等。基于此，教学评价过程中要尊重学生的认知规律，做到尊重学生、理解学生，才能做到引导学生、激励学生。在高中政治课应用翻转课堂教学模式需要结合高中政治课育人特点以及高中生的心理特征设定正确的评价方式。

第二节 高中政治教学中学案导学教学模式的有效运用

一、高中政治教学中学案导学教学模式的意义

（一）改变传统的教学方式

学案导学教学模式力求突出以学生发展为本的理念，使教学过程与教学环境处于一种平衡协调的状态。课堂上师生角色发生根本性转变，教师由传统的知识的传授者、课堂的统治者转变为学生学习的启发者、引导者、帮助者，改变了传统“师—生”单向的教学方式，取而代之的是师生之间、生生之间进行双向多态的信息交流，使得政治课成为了信息交流开放的平台，创造了民主、和谐、多态的教学氛围。在这一过程中，教师发挥自身的主导作用，积极引导学生进行自主学习、合作学习和探究学习，通过师生、生生之间的双向多态的信息交流方式，进行师生交往互动，分享彼此的思考、经验和知识，交流彼此的情感、体验与观念，在这种双向的互动交流中实现教学相长，促使师生都能保持愉悦的精神状态，达到互相启发、互相提高的目的。

生生之间的互动交流也是课堂教学的重要条件，而在以往的教学中我们更为忽视生生之间的互动交流，在教学过程中发挥学生的主体性也应该加强学生之间的沟通、对话和合作活动，教师引导学生开展自主合作探究的活动，并鼓励学生对他人的观点进行有效评价，对不同的观点能敢于质疑，对难以解决的问题善于与他人合作，来促进生生之间的成长，创造和谐的教学氛围。

（二）培育学生自主学习能力

教师在教学过程中应与学生积极互动、共同发展，要处理好传授知识与培养能力的关系，注重培养学生的独立性和自主性，引导学生质疑、调查、探究，在实践中学习，促进学生在教师指导下主动、富有个性地学习。可见，注重培养学生的独立性和自主性，引导学生质疑探究，使学生能够主动、富有个性地学习是课程改革的目标之一。

教学活动是在教师、学生和知识构成的一个复杂系统中，以知识为交流载体，通过师生、生生间的交流和碰撞，从而促进学生获得知识的过程，它的本质是通过教师的教促进学生的学习。教学活动本质上是学生的学习活动，学生是其自身学习的主人，是教学活动

的发展性的主体。

学生的学习动机产生于需要，需要是学生学习积极性的源泉。学生学习动机的形成与发展实质上是心理需要的唤起与形成，是心理需要与能满足它的目标相互联系的过程。学案导学教学模式能够唤起学生内在的学习内驱力，从“要我学”到“我要学”进行转变，培养学生学习的独立性和主动性，也能激发学生的学习意愿，发现每位学生学习的独特性。

学案导学教学模式从导学案的设计到导学案的实施无处不凸显学生的主体性，学生的自主学习是学案导学教学模式实施的基础，如果没有学生有质量的课前自学，也不能有效发挥学案导学教学模式的优势。所以，学案导学教学模式特别关注学生的自主学习能力，引导学生培养良好的自学习惯。

学生自主学习的特点包括：①习惯参与确定对自己有意义的学习目标；②习惯自己制定学习计划，自我调节进度；③习惯自己确定解决问题的策略，自定思考方式；④喜欢在自主学习过程中有情感体验和感情投入。为了保证学生的自学质量，导学案中分别为学生的自主学习设置了“学习目标”“预习思考”“质疑问难”三个部分，“学习目标”一栏以帮助学生有目的的自主学习，能够帮助学生把握学习的要点和难点，可以为学生的自主学习起到目标导向的作用。在导学案课前导学设置中“预习思考”栏目能帮助学生在自学过程中加强对导学内容的思维引导，帮助学生理解自主学习的内容，通过“质疑问难”栏目的设计则更注重因材施教，关注每个学生自主学习中学习难点和困惑，促使学生培养良好的自学习惯，对于学习的疑难之处能够积极提出，使学习真正成为自己的事情，而不只是上课的认真听讲。

学案导学教学模式通过导学案的设计为学生构建一种宽松的学习环境，导学案成为培养学生自主学习和建构知识能力的一种重要媒介，它引导学生产生积极的学习心态和情绪，使学生感受到学习是一种内在的需要，培养学生的内驱力，指导学生个性化的学习，帮助学生养成良好的自学习惯。

（三）提高课堂教学的效率

有意识、有目的的学习有助于学生注意力的集中，有助于提高学习效率和学习质量。在学案导学教学模式中，教师预先根据教学内容明确的提出学习目标，指明学习的重难点，这有利于教学有针对性、有层次地进行，也是提高有效性的依据，可以促进学生在“知识与技能、过程与方法、情感态度与价值观”三维目标上获得协调发展。

在课前导学环节中，教师在导学案中提出学习目标、设置预习思考是提高思想政治课堂教学效率的保障，减少了教师在课堂上的无效教学，这也是三维目标中“过程与方法”

的整合。在正确的方法指导下，学生然后在设置的相关问题或情境体验中去建构知识网络，用自己的话去总结归纳知识。

在课堂合作探究环节中，对学生提出的具有典型的问题让大家在课堂讨论加以解决，这既整合了学生集体的智慧资源，又有效地解决了学生的问题。“课前导学”部分提出的问题在此有了一个反馈，这加深了学生对问题的认识和对知识的确认，同时也使得学生有交流和思想碰撞的机会。对本课堂的相关内容进行思维导图的自主构建中，学生对整体的知识又有个全面系统的了解，这有利于进一步落实知识技能目标。

在“课堂检测”部分，在巩固训练中锻炼学生解决问题和对知识进行巩固的能力，对课堂教学的即时检验就是通过课堂的练习或相关有效性的提问来达成。而在“质疑问难”的设置是课堂教学的重要组成部分，也是培养探究思维的重要途径，学生在尝试问题探索的过程中，也提高了提出问题及解决问题的能力。

（四）培养学生质疑和合作探究的能力

提出一个问题往往比解决一个问题更重要，质疑的过程往往就是积极思维的过程，是发现问题、提出问题的过程，也是创新意识萌芽的过程。学案导学教学模式不仅重视学生学习方式的转变，更注重的是在教学过程中培养学生质疑能力和合作探究意识的形成。

学案导学教学模式在导学案中设计了“质疑问难”栏目，鼓励学生对有疑问，和感兴趣的内容可以提出自己的问题，以激发学生的求知欲。那么对于学生的疑问教师可以在教学过程中通过生生之间的合作探究或者通过教师启发引导的方式进行探究，依据学生的问题开展教学能够始终保持学生的学习兴趣。教师鼓励学生敢于质疑、善于质疑，激发学生的问题意识，自主学习过程中对于课本内容要有自己的思考，使学生不迷信课本、不迷信权威，培养敢于说不的勇气，学生的质疑精神正是课堂智慧生成的推进器。

在课堂教学实施过程中有“合作探究”这一环节，对于学生疑难之处或者学生有兴趣的问题，开展同学之间的小组讨论，能够将“质疑问难”之中的问题通过生生合作得以解决，实现互助性学习。这样的合作探究与启发引导使他们的思维始终处于运动状态，不断地思考问题，发现问题，有利于培养他们学习思想品德的兴趣和多种思维能力。课堂上，小组合作讨论、提问甚至讨论争辩比“老师讲，学生听”的模式能收到更好的学习效果。课堂中，教师鼓励学生大胆质疑问题，让学生提出问题，激发学生去学习、去实践、去观察，学生形成了思考的良好习惯，逐渐形成了合作探索的意识。合作探究可以激发学生的新思想、新思维，促使学生自我反思、深化认识、主动探究，实现认知结构的迁移和整合。

学案导学教学模式不管在导学的设计还是在实施过程中，始终关注激发学生的求知欲、创造欲和主体意识，注重培养学生的质疑能力和问题意识，也注重通过合作探究和启发引导的方式来解决学生问题，注重发挥学生的集体智慧，引导学生形成合作学习的意识。学案导学教学模式符合新课程倡导的探究性学习、合作学习的基本理念，有利于促进学生学习能力的持续发展，为学生的终生幸福奠基。

（五）构建和谐的师生关系

成功的教学依赖于一种真诚的理解和信任的师生关系，依赖于一种和谐安全的课堂气氛。学案导学教学模式中，鼓励学生大胆质疑、互相学习、合作探究，用自己独特的思考方式，创造出师生、生生之间的良性互动，加强学生对政治教学情感认同，有利于构建民主和谐的师生关系。

在学案导学教学模式中，教师为学生的展示自我创设平台，学生独特的看法和奇思异想都可以呈现出来，也突破了内容和形式的局限，充分尊重学生的身心特点和个性差异，尊重学生的生命价值，将每个学生看作不同的成长个体，导学案设计的每个环节都考虑学生的需求，为了学生全面发展的角度进行教学设计，努力激发和保护学生的探索欲，激励、唤醒和鼓舞了学生的主体意识，学会让学生在知识、能力、思想等方面在自学、讨论、启发程序中不断增强自我教育的能力，有利于学生非智力因素的培养，培养学生的创新能力，充分挖掘学生的潜能，促使他们获得成功的体验和发展的动力，这些都体现了教师正确教学理念和充满尊重的学生观。

通过导学案的“质疑问难”和“预习思考”，师生进行思想上的交流，在学案导学教学模式实施过程中，通过课堂形式多样的导入、生生之间的合作探究以及教师对学生的启发引导，分享彼此的真知灼见，表达彼此的情感态度，实现教学相长。教师尊重学生的质疑，采取认真倾听和赞赏的态度，学生对于教师充分信任，能够大胆的表达自己的观点，教师始终充满了对学生的热爱、尊重、理解和信任，教师努力满足学生的情感、动机、需求，和学生一起分享学习知识的快乐和情感满足的愉悦，分享创造、发挥的快乐，有助于构建和谐的师生关系。

（六）提升教师的教学水平

从导学案的设计、民主和谐教学氛围的创设、学习自主学习能力的培养，学生多元评价的实施等，都需要教师的专业素养和教育教学能力为基础。因此，学案导学模式的实施有助于教师教育教学水平的提升。作为教师在学案导学教学模式下，教师要做好设计者、指导者、促进者、合作者。

在这个过程中，教师的主要任务是给学生编制出高质量的可操作的学案，并指导和监控好学生的学习活动。特别是在导学案的设计过程中，对于“预习思考”的设计以及“质疑问难”的解答，都需要教师对于教材深刻的理解、对于教育理论熟练的掌握、对知识的融会贯通，需要深厚的专业学科素养。课前导学以及课堂师生互动的过程中，教师需要及时收集学生学习的反馈，及时纠正学生的学习误区，并根据课堂的生成及时给予学生帮助和点拨，进行宏观指导和微观辅导，同时需要在课堂中与学生平等地进行思想交流，使得教学的针对性得到真正落实，使教师成为真正的启发者和指导者。

学案导学教学模式体现的民主和谐的师生关系，特别强调师生之间的交流互动，课堂中思维的交流、智慧的碰撞使得课堂灵活多态，如此动态生成的课堂对教师知识的广度和深度、知识的储备和教学的技巧是真正的考验，对于教师教学智慧的生成起到了促进的作用。学案导学教学模式要求教师通过关注学生的兴趣、学生的问题来构建教学，关注合作学习、交流互动等教学精神，这就需要教师构建更为开放民主的课堂氛围，为了打造个性化的教学需要教师不断挖掘自身教学潜能，以创新精神来进行课堂改革，因此可以说学案导学教学模式有利于以学促教，促进教师的专业化发展，提高教师教育教学水平。

二、学案导学教学模式的导学案设计

导学案设计的质量是激发学生学习内驱力，开展高效教学的前提，也是实施学案导学教学模式的关键。导学案是教师站在学生的角度为学生主动学习而设计的学习方案，因此应该凸显学生的主体地位。导学案的设计应该遵循以下三大准则。

（一）导学案设计的准则

1. 开放性

（1）导学案的设计的形式应该是开放的。政治课程内容具有丰富性，依据不同的教学内容、不同的课程形式努力使导学案具有多样性，使之体现形式和内容的灵活性，尽量创造激活学生思维的新颖形式。导学案设计中可以有问题设计、结构图设计、方案设计、情景模拟设计等，使学生在内容多样，形式开放的环境中激发其学习的兴趣和内在动力。

（2）导学案设计的内容应该是开放的。导学案设计的内容应该具有典型性又能兼具时效性，知识内容虽然来自于课本，但其最终都应该与时代精神相结合，因此导学案设计应该将知识和能力培养以及情感态度价值观的养成放置于开放的环境中去，让学生以不同的视角进行思考，以不同的能力手段进行学习、以新颖的态度情感进行判断，从而使导学案的设定的答案由传统的“唯一性”转变为“多样说理性”。

因此，教师在设计导学案时要突出引发学生思维的开放性。导学案设计要有利于学生自主、合作、探究，通过对知识点的设疑、质疑、解疑，来激发学生思维，培养学生的探究能力。同时，导学案设计也要善于引导学生如何学习，问题的设置由易到难、由简单到复杂，阶梯式呈现学习内容，引导、鼓励学生由浅入深、循序渐进地进行自主学习、合作探究，培养学生学习能力。

（3）教师应该注重突出学生开放性思维和探索性思维的开发，教师应该设计引发学生多维思考的学案，设计一些源于生活又与学生密切联系的探究性学案，还可体现跨学科的优势，培养学生多学科整体思维的能力。

2. 整体性

导学案设计应该根据学生学习的特点，设计整体性的导学内容。学习具有整体性，因此教师在设计导学案时不仅关注如何通过导学帮助学生自主学习，也还应关注课堂的巩固提高以及课后的复习评价，使导学案可以真正成为学生学习的小助手。学生学习具有连贯性，辅之以导学案的整体设计，增强导学案的功能，针对学生学习的特点，在学案的结构上应该更形式多样，切实提高学生的学习实效。

3. 主体性

高中思想政治课程要立足于学生现实的生活经验，着眼于学生的发展需求，把理论观点的阐述寓于社会生活的主题之中。构建学科知识与生活现象、理论逻辑与生活逻辑有机结合的课程模块。教学本身并不仅仅是传授知识，而应该为学生发现真理提供帮助。

（1）导学案的设计应该贴近学生，贴近学生实际生活，了解学生喜欢或者感兴趣的事物，激发学生学习的积极性，激发学生进行自主学习的兴趣和动力，将政治课与生活融合在一起，架起政治课与生活的桥梁，让学生在生活化的高中政治课中掌握知识、提高能力，实现思想和情感的升华。

（2）主体性还体现在导学案设计应该符合学生的身心发展特点以及现有的学习能力，充分考虑学生不同的认知水平和学习能力。适合学生的教育，是学生永远在场的教育。因此，要设计“学生在场”的导学案，就要寻找学生的“最近发展区”，进行基于学生认知起点的导学案设计，导学内容不能大大的超过所有学生的认知水平和学习能力，这样的导学案设计往往使学生无所适从，也不能设计太简单的导学内容，过于简单的内容往往无法真正激发学生的学习兴趣，使导学内容流于形式。

同时，在设计导学案时还要考虑不同学生的认知水平和学习能力，难易结合、深浅结合，分层次性地进行学案设计，满足不同学生的学习实际，使不同基础的学生都可以在“最近发展区”中实现新的发展和提高。因此，只有符合学生的身心发展特点以及现有的学习能力的导学案，才能激发学生学习的自主性，才能使学生从学习中得到学习的快乐，才能使学生得到全面的发展，才能开展真正成功的“以学生为本”的导学案教学。

因此，教师在设计导学案时必须剔除自己的权威姿态，本着民主平等的教学原则，让导学案不再是自己教案的复制改良，应该将导学案定位成真正以学生为本、为学生服务的学习助手，将自己角色定位于学生学习的辅助者和引导者。

（二）导学案设计的结构

全程导学案主要分为课程标题、学习目标、预习思考、质疑问难、课堂检测、思维导图、学习拓展七部分组成，为课前、课中、课后教学全过程所用。

1. 课程标题

课程标题需要标注所属年级以及第几课第几节，比如“高一经济学（上）”，标题除了标明所属章节之外，还进行了编码，比如高一第一学期所用的导学案编码为 G2301 到 G2308，G23 代表 2023 届学生，最后两位代表本学年导学案的第几份，目的是为了便于师生收集和整理导学案。

2. 学习目标

学习目标是一堂课教学的出发点，也是教学过程的“导航仪”和教学检测的“计分器”。因此，“学习目标”的设置是导学案的灵魂，统领全篇，其他板块均为其服务。学习目标让学生明确学习要达到的基本要求。确定学习目标要从学生的实际和教材内容以及思想政治课的直接现实性出发，根据课程标准的具体要求，将该章节涉及的知识及达成度要求编写成具体的学习目标。

确定学习目标时，首先，研究和整合课标、考纲、教材中学习内容的三维目标要求，目标明确；其次，从学生的认知角度出发，融合各种要素，以简洁准确的语言表述和呈现学习目标，使学生一看就懂。学习目标的设置能使学生在上课之前清楚了解本节课学习的要求，也便于教师根据课程标准规范教学，还能让学生在课后及考试之前进行复习和达成度的自我检测。

3. 预习思考

预习思考的设计主要在于对学生的自主预习起到引导和检测作用，根据不同的课程内容设计不同形式的预习思考题，灵活地检测学生对于课程内容的理解程度。预习思考并不同于课堂检测和课后巩固，更加注重了解学生对于课程知识及结构的掌握程度，同时也根据不同的课程内容，通过让学生回答来了解学生的认知起点，为开展课堂教学奠定基础。

4. 质疑问难

为了帮助学生养成良好的学习习惯，培养学生的质疑能力，同时能够更为针对性的开展教学，让教师在备课的过程中利用学生预习中生成的问题开展真正的问题教学法，导学案中特别设计“质疑问难”这一栏目，导学案中的这个设计能够充分发挥学生的创新能力和培养学生的问题意识，激活学生思维，实现转识成智。在实践过程中，学生的智慧远远超过老师的预期，这也成为政治课堂活力的源泉。“质疑问难”可以在学案导学教学模式的开展中发挥多方作用，具体如下。

（1）学生提问作为课堂导入，容易吸引学生注意力，提高课堂的“抬头率”。

（2）在课堂讨论环节，学生提问推进课堂进程引发学生思考。

（3）学生的提问作为课堂交流和课后思考的教学资源。

5. 课堂检测

学习是为了运用，课堂检测的设计是检验学生学习效果，进行课堂评价的重要手段。课堂检测题与预习思考题有所区别，依据课程学习标准设置练习巩固题应该是在教师和学生共同学习之后所用。

根据学习目标联系实际生活有针对性地设计当堂检测题，采用与课程内容有关的经典例题用于课堂巩固，所设计的题型要结合学科特点精心设计，要精简，因为课堂时间的有限性，课堂检测要做到精简，经典。检测的内容要重难点突出，检测的方式要尽量多样化、检测的方法要科学化。课堂检测主要采用政治学科中常用的填空、单选题、简答题等，练习的内容应围绕“导学案”的学习目标、突出教学的重点难点和学生学习可能存在的疑点、易错点设计，然后把不同的知识点转化为形成性的练习思考题。“题型”的选择应根据对不同知识点的不同能级要求合理设计、恰当安排，对能级要求低的问题可以选择题、填空题的形式出现，以帮助学生鉴别、识记，对能级要求比较高的，比如理解运用类知识点可设计简答题、分析说明题，引导学生在思辨、分析问题中加深对知识的理解。

6. 思维导图

知识是结构化、关联、分类的，依据内涵排序，并且是以人为中心的。我们的政治教学，一方面，在研磨知识点的基础上应进一步建构精当、贯通的知识网络，为开展活动提供时间;另一方面，应发挥学生的主动性和创造性，引导学生在探究中建构知识体系和能力体系。

思维导图的设计主要用于学生针对每章节的知识点自主归纳总结，能够帮助学生形成知识结构图，整体上把握知识，提倡学生通过自己对课程内容的理解进行知识的自我构建，鼓励学生采用独特、个性化的构建方式，在这个过程中教师可以提供范本或部分的思维导图，帮助学生提高归纳总结的能力。同时通过思维导图，可以培养学生良好的复习习惯，引导学生对学科内容和学科思想进行归纳总结，以提高学习的效率。

三、学案导学教学模式的实施

在教学过程中如何发挥导学案的价值则是学案导学模式研究的核心。学案导学教学模式是一种发挥学生主体性的教学模式，该教学模式的实施是发挥其优势和效用的关键所在。所以教师需要始终关注通过对导学案的深度挖掘来调动学生的主动性和积极性，将导学案真正的落实在实际的教学中，以此来发挥教师的主导作用和学生的主体作用。

（一）依案预习，课前导学

教师依据一定的原则编制导学案，学生课前依案自学，根据提出的学习目标进行课本预习，并且提出自己的疑问，教师根据重点和难点知识并结合学生疑问以及存在的问题进行教学设计。主要有以下步骤。

1. 导学案的合理设计

导学案设计的质量是激发学生学习内驱力，开展高效教学的前提。依据导学案设计主体性、开放性和整体性原则教师需要精心编制导学案，高中思想政治课课间距长，这为导学案的设计和学生的自主学习提供了客观的条件。

要设计高质量的导学案，教师要熟悉教材，了解和把握教学的内容，把握知识点之间的联系，能够用合适的方式引导学生进行自主学习，必须把握知识点之间的逻辑体系，引导学生寻找其中的内在联系，以点拓面，再由面驭点，在沟通相关联的知识过程中，达到综合学习的效果。教师不仅要熟悉教材，也要充分了解学生已掌握的知识和接受知识的能力，做到因材施教。导学案设计需提前一周完成，充足的时间可以保证导学案的质量，也使学生有充足的时间预习。导学案的设计分工最好需要发挥集体智慧，采取备课组或教研组分工合作的方式，因为高质量的导学案设计需要耗费教师的大量时间，单独由一个人很难对每个章节都进行精心的设计。

2. 学生的自主学习

学生的自主学习是学案导学模式开展的基础，也是提高学生学习能力、教师构建有效教学的关键。

为学生提供充足的学习时间，需要提前两三天将导学案发放给学生之外，还要进行必要的学法指导，需要指导学生做好必要的预习笔记和摘要。教师对于自主学习的结果必须要有及时反馈的环节，上课之前把学生完成的导学案收上来认真批阅，教师要随时注意对自主学习的信息反馈，准确把握教学目标和学情，要能及时捕捉学生思维的亮点和疑点，发现学生在预习中存在的集中性的问题。这样课堂教学中就很有针对性，教师根据学生的疑问及时调整课堂设计，确定课堂合作探究需要讨论的内容，也可以采用学生的疑问逐步推进开展教学。

（二）师生互动，课堂共学

教学是师生共同探讨问题与发展能力的过程，“师生互动，课堂共学”是学案导学教学模式实施的中心环节。教师依据学生导学案中自主学习的反馈，设置课堂情境开展教学，进行课堂的合作探究，引导学生启发思考，对学生的知识和观念进行系统修正，发挥教师的主导作用和学生的主体作用。在课前导学的基础上，师生有了共同学习的基础，课堂教学成为了师生共同学习和探究过程。此过程主要包括课堂导入、合作探究、教师启导、课堂检测四个环节，具体如下。

1. 课堂导入，形式多样

课堂导入主要可以采用的策略有问题式导入、情景式导入、复习式导入和学生上课式导入，课堂导入仍应以激发学生兴趣为首要原则，努力提高学生的积极性和主动性，避免以简单的练习题进行导入。

（1）问题式导入。问题式导入是学案导学教学模式的特色之一，这里的问题主要是指在导学案“质疑问难”中学生的问题，即来自于学生问题的导入。这些来自于学生的问题导入不仅能很快地拉近与学生的距离，在学生与课程中间架起了一座沟通的桥梁，而且因为我们在展示问题的时候都会把学生的名字显示在问题后面，这对于提问的同学是一种很好的激励。

（2）情景式导入。学生的能力，需要在复杂情境中得到发展，并在复杂情境中得到评估。情景式导入是政治教学常用的教学策略，这一导入方式有利于激发学生兴趣，创设有利的教学氛围。情景式导入把课程内容放置在某一情境中，运用“整体化”策略，提炼一个简约、集中的主题，有利于学生充分地亲历知识、能力和情感的生成过程，对于学生的理解能力的提升很有帮助，也有利于增强政治课堂的实践性和趣味性。

（3）复习式导入。复习式导入主要是对自主学习内容的检测和反馈，最常用的是以学生的自学提纲作为导入内容，在某些课程中我们会设计自学提纲作为预习思考题，学生自主学习后会设计一个该课的提纲，将该课的主要关键知识点模拟出提纲来，同时对于自己的疑难点做出标注，每位同学的自学提纲都是不同的，而不同的自学提纲也反映了学生对于该课程不同的理解，通过学生自学提纲的展示和比较，使学生对于课程内容的内在联系有所把握，同时不同的提纲的疑难点也会成为之后合作探究的问题来源。

（4）学生上课式导入。学生上课式导入是活动式导入的方式之一，先由学生两两自由组合，在完成导学案、自主学习的前提下进行合作，将导学的课程内容在课上进行交流，能够将导学的内容在全班进行讲授，做“小老师”的角色。这种导入方式更重视学生的自主学习的质量，而且对于这种“导生制”的方式，能够凸显学生在课堂中的主体性和创造性，发挥学生的多元智能，发挥学生对学生的影响力，对于学生的理解能力、表达能力、组织能力等都有激发的功能。

2. 合作探究，生生互动

合作探究是学案导学教学模式的特色之一，能够对学生共同存在的问题进行相互探讨、集思广益，加强学生的合作学习，增强生生互动。

在合作探究的过程中，学生之间相互配合、资源共享、分工协作，建立智慧团体，最终形成“生生学习，生生合作”的积极学习方式，也是对学生课前自主学习的一种有益补充。它可以使学生体验不同的学习方式，也可以使学生明白学习不仅借助自身的能力，也可以借助集体的智慧使自己提升。学生间的合作探究满足了学生的交流和沟通的需求，使学生学会倾听和认同，在集思广益、交流探讨的过程中，实现学生社会性发展。

为了保证合作探究的有序，需要编制形成学习小组，以发挥集体的智慧来探究问题。教师可以按照就近原则以 5 ~ 6 人一组，全班可分为 6 组左右，分组可以按照座位就近原则，这样的分组比较简单方便，但是容易出现有些小组活跃，有些小组比较沉闷的情况，会影响合作探究的质量，因此教师还可以根据学生的性格特征和学习能力将一些比较活跃的同学分布在不同的小组，来保证合作探讨小组间的均衡性。

在合作探究的过程中，教师应该对小组间的探讨进行适时的“监控”，一方面，可以有助于学生积极参与；另一方面，教师在巡视的过程中可以了解学生的思想状态和主要观点，确保学生讨论目的的明确性，还可以对他们的讨论做及时的启发指导，也为之后教师的释疑做好准备。

在合作探究的过程中，教师不仅是一个指导者，更是一个合作探究的积极参与者，通过对各个小组的观察指导，了解学生的个体差异，为之后的教师释疑做好准备，开展更高层次的师生共探环节。教师可以将个性化教学和因材施教实施到位，有助于落实课堂的公平和效率。在这个过程中，教师的作用正如放风筝一样，教师既要让风筝自由飞翔，充分调动学生发言的积极性，在自由激烈的争辩中求得共识；又要牢牢控制手中的线，逐步引导学生深入到问题的本质中去。

3. 教师启导，师生共探

如果说合作探究主要体现是同学间的互助合作，那么教师启导则能通过师生交流凸显教师的主导作用。所谓的“教师启导”，即在教学过程中教师的启发和引导以及必要的释疑解惑。在这个过程中，教师对于学生学习的疑难点和教学的重难点进行指导，不仅需要教师有丰富的知识而且需要有教学机智，对于课堂生成能及时把握。在教学过程中，教师需对学生自主学习的情境进行精准处理。对于学生已掌握的知识，教师应避免不必要的重复阐述；对于学生明确了解的内容，亦可省略详细叙述；对于学生经过深思熟虑或合作探究后能够自行领会的部分，同样无需过多讲解。这一环节凸显了教师的专业素养，同时也体现了教师的个人风采，所谓的“教学艺术”便在于此，通过教师精炼的启发引导和点拨，总结归纳的思维方法，帮助学生掌握学习技巧和方法。这种精心的引导不仅能够培养学生的学习自觉性，更能够激发他们的思维深度和创新潜能。

教师的启导要善于发现代表性问题及学生思维的亮点，特别要及时发现学生的多元思维及预设问题之外的生成问题。对于共性问题，教师要进行点拨精解，使学生深刻理解。对于思维的多元表现，教师要加以激励引导，三言两语点出妙处，能促使学生思维的发散，给学生留下进一步思考的空间。通过教师启发引导促使学生从中学会思考的方法、学会明辨是非的方法、学会解决问题的思想方法，使学生创新思维得到拓展，视野更开阔，能力得到提升。

这个过程也不仅仅是教师的讲，不同于以往的灌输式教学，教师需要进行启发式教学，仍要注重通过师生间的互动交流达到解疑的结果。教师可以通过设问质疑或反问启示，使学生思维始终处于活跃状态，在比较鉴别中辨认观点，在价值冲突中澄清观点，在这个过程中师生平等地对话，参与和构建，不仅是知识的共长，在师生间也形成了一种良好的教育情景和精神氛围。

在教师启导的最后应该要做课堂小结，课堂小结既能体现教学过程的完整性，又能为学生复习巩固提供导向，恰如其分的课堂小结还能有效地激发学生的阅读兴趣和求知欲望，从而变被动的接受为主动的索取。课堂小结可以帮助学生厘清所学知识的层次结构，掌握其外在的形式和内在联系，形成一定的知识结构框架。课堂小结是教师富有科学性和艺术性地将所学的知识和技能进行归纳总结和升华的教学方式，在课堂结尾时利用简洁准确的语言、文字、表格或图示将一堂课所学的主要内容、知识结构进行总结归纳。教师做精简的“小结”有助于学生掌握知识的重点和知识的系统性，也能为导学案中的“思维导图”做好铺垫。

总之，教师的“启导”是促进学生的“善学”的关键。教师的“教”必须致力于其“善导”，服务于学生的“善学”。

4. 课堂检测，多元评价

科学地评价学生的学习效果是有效教学的重要条件。为了及时检验和巩固学生的学习成果，在导学案中设置了“课堂检测”这一栏目，课堂检测的习题不可过多，可以在课堂利用 10 分钟完成。学生完成时，教师需要在课堂中巡视，了解学生的答题情况，之后可以在课堂中交流答案，师生共同探讨交流，教师要突出点评学生答题思路，使教师及时地了解教学成果。

在学案导学教学模式的实施过程中，除了通过课堂检测对课堂达标方面进行的终结性评价，从学习评价的角度来说，也要关注学习的过程性评价，如学生在“预习思考”和“学习检测”中进行合理的批改评价，对学生在自主学习和课堂中提出的好问题，在教学中使用学生的问题作为课堂设计的，应该大力的表扬；在课堂探究中对于学生创造性的发言，独到的见解，教师应该充分地肯定。

从评价的内容来看，不仅要对于学生知识内容的掌握情况进行评价，如导学案中对于课程重难点的把握，对于课程内容的知识达标程度进行评价，也要重视对学生的能力、习惯、方法和情感的评价，促进学生全面发展，如学生在课堂中的语言表达，思维逻辑，学习习惯等进行考评。同时教师也要坚持评价主体的多元化。既要重视教师的评价，也应该关注学生评价，如在学生中开展“好问题”的评选，对于学生众多提问可以由学生自己投票选出有价值、感兴趣的问题，在课堂中进行讨论。评价的方式不仅有平时分数的反馈，也应该有表扬、鼓励、奖励等。同时也要尊重学生的个体差异，注重分层评价，对于不同基础的同学采用不同的评价标准，通过对学生个体的纵向比较寻找适合学生的评价，实现个性化的多元评价，真正调动每位学生的积极性。

学案导学模式下教师应该不断创新评价的方式，但不管方式如何变化，其最终的目的都应该是激发学生学习的动力，收获学习的乐趣和自信，激励学生在课堂中展示自己的智慧，发现自我价值所在。学案导学教学模式下对学生的多元评价是促进学生发展和提升教学质量的“促进器”，及时合适的评价让学生从学习中获得满足和成功的体验，也对后续的学习产生信心。

（三）自主构建，课后提升

通过学生的“思维导图”“学习拓展”等导学设置帮助进行知识构建，拓宽学习视野，来提升学习效益。

完成课堂检测之后，针对难点和易错点，教师要给学生内化整理知识的机会，因此在课后往往要求学生根据自己的理解形成思维导图，思维导图面向全体学生，同时根据学生自己的理解形成结构，体现个性化的理解，以此能够开发每个学生的最大潜能，逐层剖析，巩固、迁移和拓展知识，培养学生良好的思维品质、学习习惯和分析问题、解决问题的能力，从而获得最大限度的教学效益。同时“学习拓展”中，学生可以在自我反思的基础上，对新的资源依据自我需要，进行有选择的运用，从而在提高自己知识广度和深度的同时，增强自己的知识创生和迁移能力。

课后，为了培养学生的创新能力，教师还可以布置多样化的政治作业，如课堂中的时事述评，课后的时政小论文等，使学生理论联系实际，开拓学生视野，培养学生政治学科素养。

第三节　高中政治教学中 PBL 教学模式的有效运用

一、PBL 教学模式的基本认知

要想研究 PBL 教学模式在高中思想政治教学中应用的意义，以及如何在高中思想政治课中应用，必须先搞清楚 PBL 模式是什么，PBL 模式具有什么特点，对 PBL 模式的相关概念的界定与研究是进一步研究高中思想政治课教学中 PBL 教学合理实施的前提和基础，有助于研究者对该模式的应用研究。

（一）PBL 教学模式相关要素的界定

1. 教学模式

教学模式是由“教学”和“模式”两个词组成，模式是主体行为的一般方式，是事物的标准样式，即为我们日常生活中做某件事的标准参考样式，是联结理论和实践的桥梁，具有一般性、概括性、可操作性的特点，比如发展模式、管理模式、营销模式、消费模式等。而教学模式是构成课程和课业、选择教材、提示教师活动的一种范式或计划。我国对教学模式有多种不同的理解和研究，有的学者认为教学模式是基于不同学科的一种教学操作方法，它处于教学理论与教学实践的中间，为两者的中介，一方面，指导教学实践；另一方面，在教学实践中通过概括、归纳不断地丰富教学理论。有的学者认为教学模式是一种较为稳定的教学设计和操作流程，是在某种教育理念的指导下，教学者根据教学目标设计好的一套相对稳定和可操作的教学流程。还有学者认为教学模式是一种教学方法，是一种系统化的教学方法。

2.PBL 教学模式

“PBL 教学法是学生在教师协助下解决接近真实或真实的问题，是以学生为中心、问题为驱动的教学方法。”[①] 关于 PBL 的概念，在国内主要有三种译法：问题式教学、基于问题的学习、以问题为基础的学习。PBL 中的一个核心概念就是“问题”，因此要想准确地理解什么是 PBL，就要先搞清楚问题是什么。问题作为我们的生活常用词，是人类活动的起点，应从一般性的内涵来进行概括，同时把它放在具体的情境中，结合具体的情境进行特殊性的解读。

PBL 模式中的问题又有自己独特的特点，主要表现在：①问题必须是来源真实的生活情景，抑或是创设的具体的生活情境，要贴近学习者的生活，与实际生活相联系，让学习者觉得解决这个问题就像是解决自己的生活问题；②问题应该符合教学目标，根据教学内容来进行设置，问题应该包含所学的概念、原理，使学生能够通过问题的解决来获取基本的原理知识；③问题应该是结构不良、复杂的，并且没有确定、唯一的答案，使学生能够在不断的探索、推理中逐步发现问题的症结。因此，PBL 教学模式就是师生围绕结构不良的问题而进行教学活动的一种教学模式，是教师通过创设结构不良的、真实复杂的问题情境，以问题作为教学的起点，让学生在具体的问题情境中，通过自主合作学习，发现问题、分析问题逐步解决问题，完成知识的建构与迁移的一种教学模式。

3. 高中政治课 PBL 教学模式

中学阶段教育是学生个性形成、自主发展的关键时期，对提高国民素质、培养担当民族复兴大任的时代新人，具有特殊意义。普通高中课程是实现高中阶段育人目标的重要载体，体现着国家意志，在落实立德树人根本任务中发挥着关键作用。基于此，教育部在深入总结我国普通高中课程改革经验的基础上，修订普通高中课程，要求思想政治课教师能够着力改进教学方式，尊重学生的主体地位，使学生掌握基础理论知识并将其运用到实践生活中去，促进学生转变学习方式，在合作学习和探究学习的过程中，培养创新精神，提高实践能力。

高中思想政治课 PBL 教学模式指，思想政治教师通过创设贴合学生生活实际的真实具体情景，以问题作为高中思想政治课教学的起点，以疑导思，让学生在具体复杂的问题情境中思考问题、发现真正的问题症结，以解决问题，使学生深刻理解相关学科知识，从而形成马克思主义的立场观点，能够在实际生活中自觉地运用所学知识来解决问题。

（二）PBL 教学模式的特性

1. 问题的核心性

问题是 PBL 教学过程的起点，教师在教学过程中将问题作为教学的出发点，通过设

① 刘秀梅，郑小平 .PBL 教学法的应用概况与展望［J］. 活力，2019（8）：209.

置真实的问题情境来引导学生进行思考，学生在教师的指导下发现问题，不断地分析问题，从而解决问题，并在解决问题的过程中完成知识的构建与迁移。由此可见，PBL 教学过程就是问题解决的过程，问题贯穿整个 PBL 的教学过程，是 PBL 教学的核心，但值得强调的是，问题虽然是教学的核心，却并不是教学的中心，整个教学虽然贯穿问题，教学活动伴随着问题的发现、分析与解决而进行。

2. 学生的中心性

在 PBL 教学中，学生处于中心地位，为学习的主体，学生是问题的解决者和知识的建构者。从整个教学过程来说，在 PBL 教学过程中，创设一个真实的问题情境，吸引学生去解决问题，在这个过程中，学生是情境的主人，他们有独立思考、自主选择解决问题的所需要信息与技能的权力，能够充分发挥自己的决定权，同时他们也要对自己负责，对学习负责，他们需要主动去思考并发现问题的症结，了解应该具备什么样的知识和技能，用什么样的方法，以什么样的方式，设计和指定什么样的方案才能解决目标问题。

从具体的教学情节来看，学生在解决问题的过程中，刚开始可以根据自己已有的知识经验做出假设和判断，然后进行小组讨论交流，每个学生都可以发表的自己的意见，并且结合别人的想法确定自己要解决的问题，接着进行自主学习、收集信息，然后再重新集合并且有机会汇报自己的信息资源，同时评价和借鉴他人的信息，形成自己的资源来着手处理问题。在整个过程中，学生的学习是真正发生的，学生实现了真正意义上的学习，他们接收的不仅仅是表面的信息，而是获得收集信息的能力与方法、解决问题的途径等，他们在问题解决的过程中伴随着创造新的问题，又在新的问题的基础上再解决问题，他们的学习起于问题，同时终于问题。

3. 小组的协作性

在 PBL 教学中，由于设置的问题是结构不良的复杂问题，所以靠单个学生是难以解决的，因此需要以小组的形式展开教学，在展开教学之前把学生分为若干小组，确立小组成员，明确小组成员责任，强调分工合作，以小组为单位进行学习，对于学生来说，不同的学生对同一个问题会有不同的思考和理解，会有不同的解决方案，小组之间进行资源的分享、交流与评价，有利于思想火花的碰撞，能够给学生提供更多的视角，能够借鉴学习同伴的资源，使学生成为有效的学习者与合作者。对于问题解决来说，有利于弥补学生能力的缺陷与不足，通过小组合作的形式能够群策群力，有效的解决问题。

（三）高中政治教学中应用 PBL 教学模式的意义

1. 顺应时代发展趋势

树立问题意识、坚持问题导向，既是顺应时代发展的需要，也是在新时代条件下开创社会主义事业发展新局面的必然要求。要有强烈的问题意识，以重大问题为导向，抓住关键问题进一步研究思考。PBL 教学模式通过问题情境的创设，以学生为中心，小组合作的形式展开教学，尊重学生身心发展，让学生在独立的问题情境中实现知识的建构与迁移，顺应时代发展潮流，PBL 教学模式在高中政治教学中应用是时代发展的必然趋势。

2. 推进课程改革的必然要求

政治课程要着眼于学生的真实生活与长远发展，使理论观点与生活实践有机结合，让学生在社会实践活动中历练，在自主辨析中感悟真理的力量。PBL 教学正是着眼于学生的真实生活，将学生放置在真实的生活问题情境中，让学生在小组合作中自主学习、主动构建，将学科知识与生活知识相融合，理论逻辑与现实逻辑相联系，主动参与乐于探究，不断加深对学科知识的理解。因此，PBL 教学模式在高中政治教学中应用符合课程标准的理念，要通过问题情境的创设和社会参与，促进学生转变实践活动的参学习方式，在合作学习和探究学习的过程中，培养创新精神，提高实践能力。

由此可见，我国课程改革十分重视培养学生知识迁移和问题解决的能力，要求思想政治课教师能够着力改进教学方式，尊重学生的主体地位，使学生掌握基础理论知识并将其运用到实践生活中去。新课标还提出，要建立促进学生思想政治学科核心素养发展的评价机制，采用多种评价方式，PBL 教学模式采用多种评价方式，包括教师评价、学生自我评价和小组内学生互评的方式。对学生进行多方面评价，全面地反映学生的发展情况。因此，将 PBL 教学模式与高中思想政治教学结合起来有利于课程改革的推进与落实。

3. 立足学生的现实需要

高中思想政治课兼具有知识性和教育性双重属性，从本质上来说，思想政治课是一门德育性质的课程，思想政治课的教学更多地承担着立德树人的任务。在学生就读的高中阶段，是学生价值观形成的关键时期，高中生在认识和分析事物的时候多会受到其个体社会阅历、自身思维模式以及年龄认知能力等等方面的影响，面对这样的现状，我们作为政治学科的教师，应该在教学生理解政治学科知识的同时，还要做到启发学生主动思考，主动发现问题，并且运用所学知识去创造性的解决问题，培养学生的问题意识，健全学生人格，培养学生终身学习观，促进学生全面发展。

PBL 教学模式以学生为主体，注重学生学习过程的体验，改变学生总是乐于被动接受的学习态度和习惯，引导学生主动学习，课堂教学从问题出发，不再过于依赖教师以及教材，从而增强学生敢于思考、质疑和批判的精神，通过怀疑、批判以及思考这一系列过程体验后，能使学生突破思维定式，改变思维惰性，从而产生新的发现，发展求异思维和创新精神。因此，在高中思想政治教学中，运用 PBL 教学模式为培养学生的创新思维能力打下良好的基础，有利于学生的人格完善与全面发展。

二、高中思想政治课 PBL 教学模式构建思路

（一）PBL 教学的目标

高中思想政治教学中 PBL 教学目标主要包括知识与技能目标、过程与方法目标和情感态度价值观目标。知识与技能目标是指通过思想政治 PBL 教学，使学生能够理解和掌握思想政治学科的基础知识，包括政治经济学常识、文化了解和哲学思维，让学生在真实的问题情境中，在小组合作中，能够自主学习，自己发现问题、认识问题，表征问题并且在合作交流中解决问题，获得知识，并且在解决问题的过程中内化知识。

过程与方法目标是指通过 PBL 教学让学生体验政治学习的整个过程，即在教师的引导下，学生能够自主发现问题并且在讨论中不断推敲问题，进行信息搜集和处理从而解决问题，在这个过程中使学生探索掌握解决实际生活问题的一般途径和方法，学会学习政治学科知识，并且能够在生活中运用政治学科知识解决实际问题。

情感态度价值观目标要求在 PBL 教学过程中，将学生置身于问题情境中，培养学生的问题意识和创新思维，通过小组合作学习，使学生在小组讨论交流中克服交流的困难和上台展示的紧张感，帮助学生树立积极的学习态度和自信心，友好的同伴关系，提高人际交往的能力、团队协作能力，形成正确的世界观、人生观、价值观，热爱祖国尊重他人，不断提升自身的科学文化素养和精神素养。

（二）PBL 教学的原则

任何教学模式的实施的都需要遵循一定的原则，在高中思想政治教学中运用 PBL 教学模式也不例外。

1. 全面性与系统性原则

（1）PBL 教学要面向全体学生，以学生为中心，教师应该保证每个学生都能参与进来，每个学生都有机会发表自己的意见，汇报自己的信息资源，同时评价和借鉴他人的信息，以此构建自己的知识体系，着手解决问题。

（2）问题的设置要全面，问题在设计的时候既要考虑学科相关知识，同时不能忽视学生的情感价值观需要，要符合学生的最近发展区，既不能过于简单，也不能太复杂、太难。

在 PBL 教学中，学生的整个学习过程是系统的，每个学生都能参与完整的学习过程，从最开始的发现问题，到明确自己的任务进行收集信息，然后再重新集合并且有机会汇报自己的信息资源，同时评价和借鉴他人的信息，形成对知识完整的认识，建构系统的知识框架。在整个过程中，学生的学习是真正发生的，他们接收的不仅仅是表面的信息，而是

获得收集信息的能力与方法、解决问题的途径，使他们从“学会”到“会学”。

2. 预设与生成相结合原则

在 PBL 教学中，教师需要提前设置好问题的情境，作为教学的起点，以此来引发学生思考，教师在课前根据教学目标、教学内容以及学生的学习情况进行问题的预设，预设的问题不仅仅在要体现教学目标，而且还要起到引导、启发的作用，有计划地保障课堂教学的顺利进行。

3. 开放性与引导性原则

传统的高中思想政治教学中设置的问题大多是简单的，答案是确定的。在高中政治 PBL 教学中，问题设置、解答以及教学过程都是开放的。问题可以由教师提出也可以是学生提出，问题设置不拘泥于教材，来源于生活，问题的答案也不是唯一确定的，具有多种解决方法与解决途径。这一类的问题大多是与我们日常生活关系密切，在解决这类问题的过程中由于没有确定的条件，所以需要学习者明确的界定问题，找到问题的症结所在，然后充分运用自己知识储备选择设计问题解决的方法，学生在解决问题的过程中，每个学生都拥有独立思考、探索发现的权利，学生可以从不同角度进行开放性回答，调动学习者内在潜能，促进知识的迁移。

在讲课时，教师可以提出开放性问题，鼓励学生做出创造性的回答，从而培养学生的创造性思维与探究精神。结合校本资源，从本校的校服和校训入手，设计与本校相关的校园文化问题，引导学生积极体验生活当中不同的人的价值判断与价值选择不同，体验价值选择应该尊重客观规律尊重历史，从而让学生对我们的校园文化产生情感认同和价值认同。

（三）PBL 教学的环节

PBL 教学模式有着深厚的理论基础和丰富的现实意义，该教学模式以学生为中心，能够对学生的学习产生积极的意义，顺应时代发展潮流，符合新课改的要求，具有实施的价值。对于这种教学模式，如何在高中思想政治课教学过程中具体应用落实，增强高中思想政治教师的有效教学和专业发展，是研究的重点问题。

1. 创设情境，提出问题

PBL 教学以问题作为教学的起点，整个教学过程围绕问题展开，问题是 PBL 教学的核心，因此设计问题、创设问题情境、提出问题是高中思想政治课中应用PBL教学最主要的，也是首要的环节。教师要根据教学目标，选择适当的教学内容，依据可实现的教学条件和学生的实际情况来设计问题。

（1）教师应注重问题的层次性与系列性，一系列相互关联又层次鲜明的问题，有利于学生形成对知识整体的系统的认识，让学生体验完整的学习过程。

（2）考虑问题创设的情境，因为问题源于情境，一个好的问题情境能够激发学生的探索的兴趣，调动学生已有的知识经验，让学生主动参与学习。思想政治课是一门理论性、综合性较强的学科，它的内容比较抽象且涉及历史、经济、文化、哲学等多个领域，因此这里的问题情境应该是来源于生活实际，注重学科知识的综合，包含多种学科知识，是学生熟悉的但是又不能简单地运用已知的知识去解决的问题情境。

（3）问题情境的创设最终是要呈现出来的，如何选择问题的呈现方式也是十分重要的，思想政治课是一门以马克思基本观点教育为核心的社会主义公民素质教育的课程，它的理论性较强，内容比较抽象。因此，思想政治教师在问题的呈现上应该采用多种方式，可以借助图片、视频、故事案例等形式。要选择对学生最有吸引力的方式，对学生形成多方面的感官刺激，引起学生的兴趣，调动学生的积极性，从而使学生尽快地融入问题情境。

2. 组建小组，分析问题

在高中思想政治 PBL 教学中，问题情境往往是比较复杂的，再加上思想政治学科是一门综合性学科，它的内容比较抽象且涉及历史、经济、文化、哲学等多个领域知识，所以单靠某个学生个人是无法解决的，需要依靠集体的力量来完成，因此，思想政治教师应该在引入问题之后根据问题的复杂程度和学生的情况，对学生进行分组，引导学生分析解决问题，培养学生的小组合作能力。

教师可以根据问题的复杂程度、全班学生的人数以及学生的性格、特点、能力等具体实际情况，按照“组间同质，组内异质”的原则，将全班学生分为若干小组，并且引导学生自主分配任务。小组的规模应该控制在适当范围之内，人数过多会导致有的学生没有任务，也有可能造成学生集体责任感的缺失，人数过少会导致人手不够。因此，人多人少都不利于学生合作解决问题，一般来说，人数控制在 3 ~ 6 人之间最有利于学生有效地解决问题。

分组之后，教师应该组织学生自主分配组内任务，每个组应该设置组长、记录员、汇报者三个角色，其中汇报者可以是一个人也可以是多人组合，分别负责组织工作、记录工作进展（已知信息、想法、学习要点、计划）、汇报成果，确保每个学生都能担任一定的角色，明确自己的任务，并且组长应该组织大家一起建立小组合作的规则，营造和谐民主开放的交流环境，保证每个学生都有机会发表自己的见解，促进小组有效合作。

3. 小组合作，解决问题

在小组建立之后，小组要进行研讨，在讨论之前，每一组学生都要准备一个记录簿，以方便记录员在研讨交流的过程中记录小组问题解决的过程，即在记录簿上罗列出问题相关的已知信息、解决问题的想法、学习要点、学习计划四个方面的内容。教师要充当“促进者”的角色，引导学生认识问题，内化问题，初步分析问题情境，让学生在讨论中表征问题，形成初步的假设，明确已知信息有哪些，还需要进一步获取的未知信息有哪些，如何来获取这些未知信息，并且分配具体的学习任务，由此展开小组合作。

在问题解决的过程中，每个小组成员各自承担学习任务，搜索有关信息和资料，然后进行小组讨论，针对收集资料中遇到的问题发表自己的想法，集中所有成员的想法重新审视问题，整合收集到的信息重新表征问题，对问题进行反复的推敲商榷，找到问题的本质所在，形成最终的想法假设，并且拟定出详细的计划和解决问题的步骤，从而解决问题。

4. 小组展示，总结反思

（1）在问题解决之后，教师应该及时组织班级小组进行成果展示，展示的形式没有统一的标准和要求，可以根据教学条件和实际情况具体而定，如果条件允许可以进行多样化的展示形式，比如表演汇报、陈述汇报、PPT 展示、小论文多种汇报形式。另外每个小组可以指派一名汇报者代表进行展示，也可以小组合作进行展示，汇报的内容不仅应该包括结论成果还应该包括小组问题解决的过程，比如小组如何进行分工配合、如何收集整理问题信息以及解决方案计划的设计和实施等，汇报时间不超过五分钟。

（2）在汇报的过程中，教师和学生应该仔细聆听，其他小组的同学可以提出问题和改善的建议，汇报组成员应该针对提问做出相应的回答，教师也应该根据小组汇报的情况能够提出补充性的建议，帮助小组成员完善解决方案。

（3）在所有小组汇报结束之后，教师应该及时对各小组问题解决情况进行总结，对所涉及到的知识点进行梳理，并且针对各小组的汇报情况对自己的教学进行反思。

在这一教学环节，对于学生而言，小组进行成果展示不仅可以促进自身对知识的内化吸收，而且在倾听其他小组汇报的过程中还可以对知识进行查漏补缺，形成完整的认识。对于教师而言，通过小组汇报展示，不仅可以根据小组汇报来判断学生对知识技能掌握的情况，而且还可以对学生解决情况进行教学反思。

（四）PBL 教学的评价

教学模式具有整体性的特点，它作为一种稳定的教学结构和教学体系，包括教学目标、教学原则、教学环节和教学评价。对于课堂教学来说，教学评价能够起到诊断和导向的作用，能够检测教学效果，为教师教学提供方向和指导，因此任何一种教学模式都应该有一套完整的适合自己特点的评价体系。传统高中思想政治教学中教学评价主要是以终结性为主，通过考试测验的方式来检验学生学习的效果和教师教学的效果，忽视学生学习的过程，只关注学生的学业成绩。新型的高中思想政治 PBL 教学评价，立足高中思想政治新课程改革的理念，把教学评价促进学生全面发展作为教学评价的追求，实行多元化的评价方式和评价主体，质性评价与量化分析相结合，学生自评、同伴互评、教师评价有机结合。在效果检验中，把学生评价量表作为量化分析，结合对学生、教师的访谈质性分析，关注学生的课堂表现和学习过程，促进学生的全面发展。

为了促进高中思想政治 PBL 教学的有效进行，在结合高中思想政治课程核心素养和国内外有关 PBL 教学模式评价体系的基础上，提出高中思想政治 PBL 教学评价，主要包括学生评价、教师评价、小组评价三个方面。并且创设学生评价综合量表、教师评价量表和小组评价量表等一系列评价量表，提倡从学习态度、课堂表现、能力提高三个评价指标对学生进行评价，从问题设置、问题呈现、问题剖析、问题解决、成果展示和对学生的评价反思六个方面对教师进行评价。从任务分工、合作交流、小组汇报三个评价指标对小组合作情况进行评价。以促进学生养成良好的学习态度，提升学生课堂参与度，提高学生问题解决，合作探究和自主学习等多方面的能力，培养学生创造性思维，促使教师进行有效教学，形成师生、生生多元互动的课堂形式。

第五章　高中政治不同课堂的有效教学研究

第一节　高中政治试卷讲评课的有效教学

一、高中政治试卷讲评课及其目标与意义

（一）高中政治试卷讲评课及其目标

“试卷讲评是高中教学非常重要的一个环节，能够帮助学生解疑释惑、巩固所学知识，还能开阔学生视野，锻炼学生对知识的应用能力。”[①] 在考试完毕之后，教师总结分析答题状况，根据学生成绩和试题情况进行讲评和分析，试卷讲评课不仅仅是讲，更要客观的评，是二者的统一。试卷讲评课的主要手段是对学生在考试过程中出现纰漏的讲评，在讲评的过程中完善教师的教学，完善学生对知识脉络的掌握，进而能够提高学生的学习能力。在考试结束后，教师和学生共同总结考题的内容和考试情况，以达到查漏补缺和温故知新的效果，在这个过程中进一步增强学生自主学习的能力。

高中政治试卷讲评课的含义是在高中政治课的每一次考试后，教师和学生共同参与的，以学生的成绩和答题的情况为依据，并对其进行讲评，以课堂教学作为组织形式，对答题情况进行多方面的诊断和归因，以端正学生的学习态度，同时促进教师改进教学的高中政治课教学方式。

在通往高考的这三年里，学生面临的考试有无数次，新授课上的当堂测验，学完一个单元之后的单元检测，每月一次的“月月清”，期中考试、期末考试、结业水平考试、高三的模拟考等等，每一类考试都有自己的考查目的和特点，讲评方式要有针对性，新课改为了推进素质教育在教学目标上提出了“三维目标”，要求学生学会并掌握知识，提高自我学习能力，并且有充沛的热情来学习。

1. 能力目标

在试卷讲评课上，教师和学生共同努力，学生通过自我审查明确自身在考试中暴露出来的问题，在教师的指导下，改正自己的错误，改善自己概括信息的能力和运用所学政治

---

① 米利花．论如何创设高效试卷讲评课堂［J］．学周刊，2022，10（10）：185.

知识解决考试问题的能力。

2. 知识目标

高中政治试卷讲评课的首要目标，在试卷讲评课上，通过教师和学生的双方努力，完成对知识系统而全面的把握和深化，尤其弥补通过考试体现出来的知识漏洞。

3. 情感态度价值观目标

通过对学生答题情况的客观分析和考查知识的整合巩固，端正学生对待考试的态度，发挥试卷讲评课对学生学习兴趣的提升，在合作学习中培养学生的健全人格。

（二）高中政治试卷讲评课的意义

1. 对学生的学习成果和教师的教学绩效进行评估

如何评价学生在一段时期内的学习效果，最简便和直接有效的手段就是给他一张考试试题，学生通过对考试成绩以及自身的答题情况的分析总结进行反思，从而对自己的学习效果进行评价，教师也可以根据学生数的考试成绩和课堂表现对学生进行评价，同时，教师通过对学生考试和作业情况的分析和对学生课堂表现的了解对自己的教学工作进行评价，对比自己的教学设计和实施过程与之前设定的教学目标之间的差距。高中政治试卷讲评课上，教师根据对学生答题和成绩情况的摸底，可以了解前一阶段的教学效果，教学重难点是否全面突破，教学目标是否清晰完成，教学方式能否符合学生以及课程的实际情况，从而吸取自己教学中的精华部分，去除其中的糟粕，有针对性的改进上一阶段教学过程中反馈的问题，对接下来的教学总结宝贵的经验，学生在高中政治试卷讲评课上，通过对成绩和答题情况的分析，通过教师的点拨发现自己的问题所在，对自己在学习上的方式方法和努力程度等进行总结和提升，为将来的学习做好准备。

2. 引导学生反思自己的学习态度和学习方法

西方国家教育界在20世纪就刮起了“反思”之风，学生作为学习主体对全部的学习过程和学习活动进行反思，对学习过程和学习活动中相关的信息、结果和材料进行反思，所以反思性学习既有利于对学习的复习巩固，也有利于进一步探究在学习活动中涉及的思路、方法、策略和知识。学生通过反思学习可以更有朝气和活力，提升自己的学习兴趣，增强自身学习能力，激发创造力和形成发散的思维能力，有利于学生的全面发展。

试卷讲评课包括对单元检测、月考、期中考试、期末考试和结业水平考试的试卷讲解，所以要通过试卷讲评课来增强学生的自我反思能力。进而促进学生去回顾上一段时间的学习过程，帮助学生清晰的掌握这一段时间内自身的知识掌握情况，反思自己的学习方法和学习态度，学生在反思的过程中对自己的学习行为和学习态度进行认真的总结和分析，例如，有没有真正的做到今日事今日毕，好的学习方法和学习习惯有没有真正的落到实处，有没有贯穿各个学习环节，有没有流于形式，自己制定的小目标有没有实现，从而对自己的学习形成一种自我有效的监督，对于自己没有做到的，及时发现并改正，对于已经做到的，无疑形成了一种自我的驱动力，从而潜移默化地形成了浓厚的学习兴趣。

3. 培养学生学习的自主性，开发学生的潜能

学生本来就应该是课堂的主人，尤其是在高中政治试卷讲评课上，语言表达、创造以及独立思考是学生与生俱来的强大潜能，学生的学习和成长离不开这些对这些能力的开发和利用，政治教师在试卷讲评的过程中应该尊重学生潜能发挥的规律，开展丰富有效的教学活动，开发学生的学习动力。高中政治试卷讲评课是开发学生潜能的重要课型，教师在课堂教学中宏观把握考查的知识体系，做到重难点突破，发掘知识的线索和灵魂，给我们的学生创造出更大的发挥空间，也创造的学习的极大便利。

4. 查漏补缺，完善知识体系

高中政治试卷讲评课最基本的目标就是使学生理解并掌握考查知识点的内涵及范围，使学生明确所考查的各个知识点的区别和联系，通过试卷讲评，学生可以巩固自己的所学知识，对教材中的基本概念和观点、原理等，都进行了重新思考整合，对其中在新授课阶段存在模糊认知的知识点，可以通过教师的点拨和拓展练习真正弄懂弄会，不留疑点。另外，学生可以通过对考题的反思发现和理解教材的概念和观点之间的联系，能区分相似的知识点，也能把握相异的知识点之间的联系，通过教师的讲评和自我反思，真正学会迁移知识，通过对所学政治观点和概念的再学习，提升自身的解题能力，增强自身的学科素养，这个过程就是查漏补缺的过程，也是完善知识体系的过程。

二、高中政治试卷讲评课有效性的标准

高中政治试卷讲评课的教学过程中，教学目标不应该是建立起一个科目知识的图书馆，应该是教会学生像一名史学家思考史学、数学家思考数学一样，通过亲身体验来获得知识的过程，要把认识当作一个过程，而不是一件产品。高中政治试卷讲评课实施有效教学应当坚持德育与智育相统一，使学生在掌握基础知识的前提下，提升自身的思维能力，最终树立起积极的情感态度和价值观。

（一）能力形成标准

高中政治试卷讲评课的能力目标应该是明确主客观题的考查类型，帮助学生掌握基本的答题技巧和规律，从命题思路和答案以及解题的思路这样三个层次训练学生的答题能力，

特别是要培养学生的信息概括、提取以及认定能力。对于目前的学生而言，高中政治试卷讲评课要特别重视对学生信息概括能力的培养和理论联系实际能力的培养，在讲评过程中，教师应注重挖掘试题中有思维挑战性的题目，设计探究活动，动员全体学生，使学生讨论回答，从而提升学生的学习兴趣，调动起学生参与课堂教学的积极性，锻炼和提升学生数信息概括的能力，使学生真正成为课堂的主人，另外，在讲评过程中，教师要努力将教学内容和生活实际相联系，使学生感受到知识的魅力，领会所学政治知识在生活中的运用价值，并学会运用所学知识去认识世界和改造世界。

（二）知识掌握标准

在高中政治试卷讲评课上，最基本的目标是使学生完成对所考查知识的全面、系统的掌握，通过对考试成绩和正答率的分析，教师在备课过程中能够明晰学生对于知识体系的把握情况以及对各个知识点和重难点的理解、记忆情况，从而总结出绝大多数学生的知识漏洞，教师要使学生明确知识的内在联系，从而对考查的知识形成整体结构的构建，当前高中政治试卷讲评课效率低下的很大一部分原因是教师在讲评的过程中不注重对漏洞知识的汇总，知识逐题讲题，就题讲题，忽略了对错题共性原因的总结，一节讲评课下来，教师累得要死，学生对知识的掌握只是浅尝辄止，试卷讲评课沦为了错题讲解课，而要实现讲评课的知识目标，必须先明确考查知识范围和考查重点，并汇总同一知识点的各个题目，让学生明确同一知识点的多种考查方式以巩固知识掌握。

（三）情感、态度、价值观标准

在讲评课上，教师不仅要帮助学生构建考查知识的整体脉络和分析解题的能力，还要引导学生客观的对考试结果进行分析和归因，同时要引导学生把握正确的政治方向，高中政治试卷讲评课应该是育智和育德的统一。

第一，引导学生形成对考试的正确态度，客观分析考试成绩的内因和外因，从而据此对自己的学习态度、学习方法和努力程度做出相应的调整，避免学生出现怨天尤人的错误心态，另外还可以发挥考试成绩的激励作用，促使学生投入更大的努力和热情去学习。

第二，引导学生树立正确的世界观、人生观和价值观，能够不断地提升自己的科学文化素养和思想道德修养，不断地完善自我。

第三，通过试卷讲评，培养学生关注国家和社会发展的公民意识和情怀，增强学生宿舍的民主法治意识和诚实守信的素质。

第四，培养学生思想政治学科的核心素养，引导学生认同当前社会制度和意识形态，树立社会主义核心价值观，提升学生的法制意识，发自内心地遵法、学法、守法、用法。

第五，引导学生理解认同并践行社会公德，积极投身社会公益，鼓励学生积极承担社会责任。

三、提升高中政治试卷讲评课有效性的对策

（一）落实三维目标，完善试卷讲评课的功能

1. 落实三维目标

传统的教学方法可能就是让学生记忆，掌握知识的主旨，但教师在讲评这道题目的时候除了要公布答案，落实知识目标之外，还需要让学生知道答案是怎么得出的，教师可以安排学生先阅读题干，找出关键词，然后分析该题目所要考查的知识点，从而培养学生分析解决问题的能力，另外，答案和解题思路都讲解之后，教师可以知道学生适当延伸。例如通过对绿色消费的了解学习，使学生树立起环保和绿色消费的理念，针对今天的环境污染严重问题，引导学生树立可持续发展观念。

2. 完善高中政治试卷讲评课的功能

（1）反馈功能和纠错功能。高中政治试卷讲评课最核心的功能就是反馈和纠错。高中政治的教学内容比较多，而教学时间有限，因为在高考中所占分值比重不大，政治课在高考科目当中一直处于边缘地位。在高中的前两年，由于教学任务重，很少有教室有时间专门去抽查学生政治学习的情况，所以，试卷讲评课就必须发挥好其反馈和纠错的功能，学生通过讲评得到考试结果的及时反馈，就能够及时了解到自己在这一阶段的学习情况和学习成果，从而准确地了解到自己的学习成绩在年级和班级中所处的名次。

另外，通过考试结果的反馈，学生能够及时的尽快的了解到自己的出错情况和出错原因，进行归因分析，然后在下一阶段的学习过程中有针对性地安排学习计划、改变学习方法、调整学习策略，从而取得进步。所以，反馈和纠错不仅仅是订正那么简单，它是指通过试卷讲评使学生明确自己的出错点和错因并努力下次不在同样的地方出错，对于教师来说，要在分析学生的试卷过程中，得到对自身教学中不足的反馈，继而及时进行改正和补救，减少教学中的错漏，调整下一阶段的教学。

（2）激励功能和示范功能。新课程标准要求试卷讲评课应当具备激励的功能。学生不是为了获得报酬而学习，是为了获得一定的自我成就感。所以，教师在讲评过程中采取恰当的激励措施就变得尤为重要，比如成功激励、榜样激励和情感激励等方式，使学生在考试中获得恰当的成就感和喜悦，能激发学生的自信和自尊，激励学生去追求成功。

示范功能指的是通过试卷讲评来规范学生审题和作答。让学生在答题时会使用学科语言。很多学生在考试中的失分原因就是不懂得怎样审题，答题不使用学科语言而是大白话，这也是让许多教师头疼的地方。通过试卷讲评课的示范，教师可以改善这一现象。在试卷讲评课上教师要亲身示范怎样审题、怎样从题干中提取有效信息，怎样使用学科语言，怎样规范书写和作答。这样的亲身示范给学生形成了模本和依据，同时，在试卷讲评课上，教师也可以通过多媒体来展示部分规范作答的优秀学生试卷，都可以起到不错的示范作用。

（3）归纳功能和小结功能。要完整的完成一份试卷，学生需要阅读、理解、评价、表达等许多的思维活动，同时还需要提取有效相关知识和运用解题思维作答，同一道题，有学生能做对，也有学生会做错，这不意味着做错的学生对该题所考查的内容一无所知，也不意味着做对的学生对该题考查的知识掌握的全面透彻。教师应当采取相应的措施去统计学生真实全面的情况，每一个题、每一个选项学生的作答情况都能说明学生对知识的掌握情况，教师通过统计找到学生问题的个性和共性，在讲评过程中积极地引导学生归纳知识，把相关的政治知识系统化、体系化，政治知识浩如烟海，需要学习者学会提纲挈领，抓住纲领，就能够纲举目张。

高中政治教学的基本内容是学科基础知识，考试过程中的分析、判断、推理和综合等思维活动都离不开对学科知识的理解和掌握，提高做题能力也离不开学科的基础知识，所以学生想要取得良好的学习成果的前提是扎实掌握基础知识并借此分析、提炼和论证不同的社会生活材料。所以试卷讲评中的归纳和小结功能对学生解题能力的提升是非常重要的。

（二）遵循高中政治试卷讲评课的教学原则

实施高中政治试卷讲评课有效教学必须要遵循这门课的教学原则，既要遵循政治课教学的一般性原则，又要遵循试卷讲评课的特殊原则，两个原则紧密结合，高中政治试卷讲评课有效教学才能真正落实。

1. 针对性原则

试卷讲评课想要实现有效教学，必须遵循针对性原则。实现有效教学的前提是明确教学目标，政治教师在试卷讲评课开始之前要确立好要达到的教学目标。其他所有的教学准备、教学方法和教学过程都要朝着这个教学目标努力，这样的教学是有针对性的教学，教师和学生在试卷讲评过程中因为有共同的目标而努力方向一致，不会出现传统教学中因缺少教学目标而导致的盲目，教学效率较高。高中政治试卷讲评课往往只有 1 课时甚至是半个课时的教学时间，时间紧任务重，怎样在这有限的教学时间里实现最大的教学效果，最应该坚持的是针对性原则，政治教师要对试卷和试题进行全面仔细的分析和统计，全面细致了解学生的考试结果和从考试结果中反应出来的学习状况，提前制定相应的针对题目和针对学生的讲评方法和策略，接下来的讲评课才能事半功倍，才能真正落实高中政治试卷讲评课有效教学。

2. 全面性原则

全面性原则也是高中政治试卷讲评课实施有效教学的必要原则。

（1）教师要上好试卷讲评课，前提是对考情有全面的认识，本次考试中，整个年级和所教班级的最高分、及格率、优秀率、平均分、分数段的对比情况和分布情况等都是教师所要提前掌握的。同时教师要把自己掌握的考情在试卷讲评课上作为第一个环节公布给学生，使学生了解自己的考试结果以及其在同学中所处的排名，从而客观地看待自己的分数和分析上阶段的学习。

（2）教师要对考试试题有全面的认识，整张试卷的难易程度，知识点的考查、单个难点或典型题、易错易混题的分布、试题之间的联系、考查同一知识点的问题，每个题学生的选项分布以及得分率等等这些情况教师在课前都要详细全面的统计，做到心中有数，并制定相应的讲解策略，而不是随意的逐题讲解。

（3）全体参加考试的学生都是试卷讲评的对象，教师在试卷讲评中不能遗忘或忽视任何一个学生，使每个学生都成为试卷讲评的主人，在课堂上有自己的收获。

3. 激励性原则

激励是指激发人的行动动机，让人产生一种动力和欲望，期盼达到心中目标，然后努力实现目标的心理鞭策法。学生学习主要是为了获得一定的自我成就感，所以在教学中创设有意义的教学情境以激发学生的成就动机是教师必须要做的。

4. 启发性原则

高中政治试卷讲评课想要落实有效教学还需要遵循启发性原则。教师除了要向学生公布正确答案之外，在试卷讲评课上，更重要的是调动学生积极主动思考，自觉地参与到课堂教学活动当中去，从而获得更加深入的理解，自然而然地加深印象，培养起有效的学习方法和学习习惯。在政治试卷讲评课上，若教师仅局限于提供正确答案，而忽略了审题技巧、信息获取途径、解答方法以及规范答案生成的要点，将无法培养学生的独立思考习惯。尽管同一知识点可能在不同考试中以千变万化的形式出现，但若学生缺乏迁移能力，将难以应对多样的考查方式。教师应当注重于引导学生形成独立思考的习惯，而非仅仅重复错误。

对于政治试卷的讲评课，有必要强调解题方法、思路和技巧。这样的重点突显了教学的实效性。通过详细的讲解，学生将能够掌握解决问题的具体步骤，有效提升解题的能力。此外，启发学生培养自主思考的本领也至关重要。培养这种能力不仅让学生能够在政治领域更好地理解问题，也有助于他们在其他领域的学习中形成更为广泛的思维模式和创新能力。

5. 及时性原则

任何学科的试卷讲评课要想真正实现有效教学都要遵循及时性原则。高中政治试卷讲评课也不例外。学习之后遗忘立即就开始，而遗忘速度呈现先快后慢的趋势，这是大家所熟知的艾宾浩斯遗忘规律，与在教学实践中我们观察和了解到的一致，学生在考试刚刚结束的时候，还没有走出考试的气氛，对刚才考试中的解题方法和思路存在着非常清晰的记忆，对于正确答案和正确的解题方式有着强烈的渴望，这时是学生求知欲最强的时候。教师如果能够抓住这个时机，尽早地讲评试题，学生能够回想起清晰的答题过程，发现自己的错误之处和出错原因，试卷讲评的教学目标达成率比较高。

教师及时讲评之前需要及时的批改，能做到这一点说明教师对待试卷讲评非常重视，这样的工作态度学生在课堂上也能真切的感受到，自然而然的受到影响，也增加了对政治试卷讲评课的重视，提升了学习热情，反之如果教师在考试之后的阅卷不够及时，甚至是完全不批阅就发卷讲评，就会导致学生得不到及时有效的反馈。学生更正上一阶段的学习过程的问题也找不到依据，学习态度也会受到消极影响，以无所谓的学习态度来对待政治课的学习，高中政治试卷讲评课就只能是低效甚至是无效教学。

（三）形成高中政治试卷讲评课完整的教学程序

1. 课前准备环节

高中政治试卷讲评课要实现有效教学第一步是要做好精心的课前准备，充分的课前准备为高效教学打下了坚实的基础，通过对教学内容、教学方法和教学手段等的全方面细致的设计和构思，教师可以增强试卷讲评课的科学性、针对性，并对课堂上有可能出现的情况做好充分的预见和准备，并且能够科学有效地分配有限的课堂教学时间，使教学在有限的时间内发挥出最高的效率，真正实现有效教学，在这里，高中政治试卷讲评课的课前准备主要包括两方面的准备：一是教师的准备，二是学生的准备。

（1）教师的准备。

第一，备试卷。全面系统地分析掌握试卷内容是高中政治试卷讲评课前准备的第一步，对试卷的题型、考点、难易程度的了解有利于下一步教师对成绩的统计和理解。要全面吃透试卷首先教师必须从头到尾地把整张试卷做一遍，在做题过程中就能对该次考试所考查的重难点分布、题目类型、知识点分布了如指掌，从而大体上推测出学生的答题情况，在做题的过程中，教师可以把试卷信息汇总成一张表格，通过汇总信息找出此次考试的难点和重点，并针对重难点做好详细讲解的课前准备。根据汇总信息还可以归纳重复出现的考点和相似的题型，以便集中讲解，从而加深学生的印象，节约课堂时间，提高教学效率，最后还可以根据下面对学生考试成绩的统计，与考查内容进行比对，从而找出学生的高频错题，得到本次考试中学生的易错易混知识点来重点讲解，弥补学生知识和能力上的漏洞。

第二，备学生。课前对学生的备课主要是通过对学生考试成绩的统计来摸清学生的答题情况。学生是教学过程的主体，落实高中政治试卷讲评课有效教学，教师必须备好学生，教师对学生答题情况的了解主要来自两个环节，分别为：①批阅试卷，在批阅试卷的过程中，教师对学生的答题情况会有非常直观和细致的了解，学生的答题是否规范，书写工整认真与否，主观题得失分情况都会有一个大致的了解，但这样的了解不够系统全面，无法从整体上对学生的考试情况做出分析和判断；②电子阅卷系统，为我们教师对学生考试成绩的统计提供了很大的便利，高中政治试题分为客观题和主观题两种题型，客观题主要是单项选择题，电子阅卷系统在阅卷之后会自动生成我们所需要的平均分、优秀率、及格率、高分人数、低分人数、每道题的正答率以及每个选项的选择率、每个班级和年级的总体情况。个人成绩的班级排名和年级排名、主观题的得分率等等，这些都会以电子表格的情况汇总出来，教师可以根据这些自动生成的汇总结果去分析客观题学生的答题情况，非常清晰明了，主观题的题型主要有简答题、材料分析题、辨析题和论述题，这些题型除了考查学生的基础知识之外，还考查学生解读时政材料和获取有效信息的能力，以及学生使用比较、分析、归纳和综合方法去解决问题的能力。电子阅卷系统对此是无法给出结论的，教师从亲自阅卷中可以获知学生的总体答题情况，但记录起来比较费时费力。

通过对学生考试成绩的统计分析，教师对学生答题情况和从中体现出来的知识漏洞及能力上的欠缺做到心中有数，在课堂教学中能够做到有的放矢，将讲评课有效教学落到实处。另外，学生的非智力因素也会影响其答题情况，比如心理素质、学习积极性等，所以在考试之后，对于整张试卷还可以安排学生完成考后反思表，以便统计。

通过填写考后反思表，学生可以明确自己的失分原因，明确努力的方向，同时感觉自己能够考出更高的成绩，找到信心，教师也可以清晰地掌握每个考生的得失分情况，有针对性地去讲评。

（2）学生准备。有效的高中政治试卷讲评课不仅需要教师精心的课前准备，学生的自我纠错也是必要条件，学生在讲评前的自我纠错过程可以提前解决部分问题，对于不能彻底解决的问题留到课堂上，就有了听课的重点，提高了课堂效率，所以要安排学生课前自我纠错，并使之形成习惯，对于高中政治而言，考试中的考点全部都离不开教材。学生拿到批阅后的试卷之后，第一步就是结合参考答案，并根据课本相应知识点进行自我纠错，这样通过自身的立即改正，可以使学生印象深刻，巩固对知识点的理解和掌握，这一环节可以解决难度相对较低的问题。同时，学生要利用好手中的参考答案，仔细研究答案上的评分细则，明确自身的得分点和失分点，不仅可以总结自己的知识漏洞，还可以发现自己答题不规范的地方从而进一步改正。

2. 课堂讲评环节

基于课前准备环节对考试情况、试卷情况和学生情况的统计分析，本着尊重学生在课堂上的学习主体地位的原则，制定出有效完整的讲评流程。

（1）讲评考试情况，制定教学目标。有效的试卷讲评课课堂教学应当从公布该次考试的基本情况开始，根据在上一环节的统计分析，借助多媒体设备向学生公布考试结果以及对试题的分析等，包括学生的个人成绩、平均分、优秀率、及格率。这些数据可以使学生了解自己在班级和年级中所处的位置，对上一阶段的学习成果有清晰的认识，试卷的相关情况包括考试范围、考查知识点、难易程度、客观题的正答率、主观题的得分率，通过对试题相关情况的讲评学生可以大致了解自己在知识结构和解题能力上的漏洞和欠缺。教师还要公布班级之间的成绩对比情况，使学生了解整个班级在年级当中所处的位置。在讲评以上情况时，教师要坚持激励性原则，客观分析考情，对于成绩优秀的和取得进步的同学提出表扬，对于成绩不理想甚至成绩后退的同学不能出言讽刺，以鼓励安抚为主，但也要选择恰当的方式委婉地指出其不足之处及原因，总之，要坚持表扬多于批评，安抚学生面对成绩的激动情绪，激发学生学习的热情。

关于课堂教学内容和教学目标，通过对考试情况中对试题的主观题得分率和客观题的正答率的分析，找出客观题正答率低于 70% 的题目，以及主观题平均分低于 80% 的题目，这些题目得分率低的原因有很多，主要跟学生基础知识掌握不够找事牢固、对重难点的理解不透彻，以及审题、解题能力差有关。据此可将上述得分率较低题目设为本节课的教学内容，教学目标如下。

第一，知识目标。学生在客观题上出现的高频错误大多与基础知识的掌握不牢有关。包括对课本基础知识点的不熟悉，相似知识的混淆不清、相关联知识体系建构不全面、课本知识中重难点的理解不充分。所以将课堂的知识目标设定为完善相关知识体系，总结课本知识的易错易混点，加深学生对课本重难点的理解和把握。

第二，能力目标。在客观题和主观题上学生失分较多的一个共同原因是审题能力较差。学生在读题时理解、提取概括有效信息的能力较差，另外学生在主观题上经常因为答题不规范、不会使用学科语言以及知识范围不明确等原因失分，所以把本节课的能力目标设定为提升学生有效解读信息、准确定位知识范围、规范答题的能力。

第三，情感态度与价值观目标。通过对学生考试成绩的分析和统计可以发现许多学生成绩不理想的原因是学习热情的不高和对政治学科的学习兴趣较低，在考试之后，由于成绩不理想，学生又出现的畏难、厌倦的情绪，针对该情况，本节课把情感态度价值观目标设置为提升学生对待政治学科的学习兴趣，端正学生的考试态度和对待成绩的良好心态。

（2）小组合作探究与集体展示成果相结合。学生是课堂教学的主体，只有充分发挥学生的主体地位才能实现有效教学，所以在课堂上对试题的讲评首先是学生对错题的探究和讲评。

学生对错题的探究主要采取小组合作的方式。每小组 4 ~ 6 人，主要探究在课前自我纠错中未解决的问题以及在上一环节教师通过 PPT 展示的几个得分率较低的高频错题。在小组探究活动开始之前，教师要将探究任务分配明确，客观题所考查的知识点，审题中容易出现的误区以及容易忽视的有效信息、错误选项的错因以及学生选择最多的错误选项为什么会成为得分的绊脚石，主观题的题型、考查的知识范围、审题方法、解读材料和生成答案的过程。在小组探究活动过程中，教师要关注在讨论中得出的一般性和特殊化的问题，在讨论过程中恰当地给予学生启发，在教师和学生以及学生之间的相互交流和讨论中，加深了学生对基础知识和重难点知识的理解。有利于整合知识提升学生的表达能力，增强学生的合作意识。

在小组合作探究活动结束后，各小组对教师设置的教学内容有了相应的认识，对这些错题的错因和正确解题思路、如何规范答题都有了一定的结论，接下来要做的就是向全班同学展示自己的小组探究成果，教师可以在黑板上绘制一张总结表格。待全部题目都讲评结束后，就可以得到一张学生失分原因的汇总表格和多种正确解题的思路，同一个错题也可以多找几个小组进行讲评，同一个错题会有很多种错误原因和多种正确的解题方法，在这个过程中，讲评者可以再一次自我纠错、完善自身，其他小组的同学可以思考和观摩别人的解题过程。既可以提出建议和批评，也可以学习别人的技巧和方法，在多个小组的自主讲评过程中既解决了考试中出现的大部分问题，也增强了集体的分析和解决问题的能力。

（3）教师讲评。在学生讲评的基础上，教师讲评的主要目的就是要归纳总结学生的失分原因。分析讲解正确的解题方法、思路和技巧，补充学生的知识漏洞，使其知识结构完整，最后提炼出学生解题的一般规律和方法，在教师讲评中要注意三点：①讲评要突出重点，条理清晰，教师讲评主要解决学生探究活动中不能解决的问题，而不是对学生讲评的重复；②在讲评过程中要注意引导学生回归教材，考试是考查学生运用学科知识解决问题的能力，所有题目的答案归根结底都来源于教材，使学生明白教材知识的重要性，有利于其培养科学的解题思维；③教师讲评要增强拓展性，为学生提供多种多样的变式训练，教师要从深处掌握考题题目内涵，同一考点的题目，换几个其他的考查方式，同种类型的考题，也要从新的角度改换一下数据，让学生重新做一遍，在讲评考试题目的同时，同类型、同考点的练习要让学生再练习，从而使学生储备问题的数量和类型增加，增强应对题目的解答能力，发散学生的思维。

3. 课后巩固

高中政治试卷讲评课的课后巩固是有效教学必不可少的一环，缺少了应有的巩固措施，学生在课堂上的学习内容就得不到进一步强化，无法加深理解，容易遗忘，所以在试卷讲评课结束之后，需要采取以下措施。

（1）学生对考试情况的反思总结。学生除了课前纠错、课上小组探究和展示、听课之外，在课后应自主对考试时情况进行专门的总结，一方面要建立错题本，将考试中的典型错题整理至专门建立的错题本上，在错题的整理上要回顾考试时的错误解题思路，并进行自我诊断找出错因，整理多种正确的解题方法和技巧，并且对自己从考试中显现出来的学习态度和考试态度能力进行反思，从而提高自身的学习动力培养良好的学习习惯。

（2）教师实施的巩固措施。教师要努力做好教学反思，总结自身的备课和授课过程。找出其中的优点和不足，提升自己的教学水平，试卷讲评结束后，教师要及时总结和分析自己的教学内容、教学方法和教学效果，尤其是对于高频错题，要回忆自己在课堂教学中有无漏讲或是讲解不够全面的地方，找到自己教学的闪光点，明确此次教学中出现的问题和原因，然后努力解决问题。总结教学实践当中的规律。提升自己的教学水平。在试卷讲评课后的第一节课上，教师要对错题所涉及的知识点进行再次巩固，把涉及到的知识点汇总展示，有针对性地让学生背诵或者默写，通过这种方式，可以了解到学生对教学内容的掌握程度，也可以加深学生对知识点的掌握，另外，教师通过 PPT 或者学案，展示与错题相关的变式训练，以课堂训练或是课下作业的形式让学生完成，从而进一步加深学生对易错易混点和重难点的理解和记忆。

第二节　高中政治活动型课堂的有效教学

国家颁布的高中政治课程标准最大的特点是培养学生的核心素养，而关于如何培养学生的核心素养这一问题的回答包含了“构建活动型学科课程”“议题式教学”“辨析式教学”等方案。构建以培育学生核心素养为主导的活动型学科课程，离不开高中政治活动型课堂的有效实施。“高中思想政治活动型课堂的应用对贯彻落实新课标的理念，对学生提升实践能力，激发创新精神，发展学习能力等方面都具有重大意义。”①

一、高中政治活动型课堂的理论依据

（一）建构主义学习理论

首先，建构主义学习理论强调学习主体的能动性；其次，建构主义学习理论主张知识学习过程是一种创造性活动；再次，建构主义学习理论强调知识学习与意义建构过程的一致性；最后，建构主义学习理论强调教育者与被教育者之间关系的双主体性。建构主义式的中心活动是鼓励学生自己去寻求答案，形成知识（信念），而不是去重复问题的现成答案。

关于知识的理解，建构主义与传统的观念也存在不同。建构主义者认为，知识是通过学习者和社会及物理环境的互动而创造的。高中政治活动型课堂在强调活动的同时，也注重通过真实的事例作为教学的情境来渲染课堂氛围，以此来推动活动型课堂的实施。学生自主寻求答案的过程包含学习资料的收集与分析，教学工具的选择，以及教学过程中各种环节的参与等。教师在实施活动型课堂时要进行活动方案的实施，活动环节的设置，注重活动目标的达成。建构主义学习理论与高中政治活动型课堂的实施有着千丝万缕的关系，为活动型课堂的实施提供了可借鉴的教学方式。

此外，建构主义注重意义建构，认为意义建构与知识学习具有一致性。意义的建构重在通过引导学生对先前经验的调动来帮助学习和认识当前所学的内容，让学生建立起先前经验与当前学习内容的内在联系。这种意义建构的方式不是让学生通过简单的背诵记忆、机械的重复练习，而是通过一定学习方式的教授，让学生能够在学习中自觉、自主地将这种方式运用到自己的学习过程中。这种意义构建的方式强调学生的自主活动、自觉经验，在具体的实际操作中获得知识的增长与感悟。而活动方案的创设为学生调动自己先前经验提供了思路，活动的设置又为学生投入经验提供了机会和场所。

（二）马克思主义的实践观

高中政治活动性课堂的特征之一就是活动，活动具有实践性，符合人社会生活的本质。人应该在实践中证明自己思维的真理性，即自己思维的现实性和力量，自己思维的此岸性，也就是通过实践检验认识的真理性。高中思想政治课是一门理论性较强的课程，教学内容比较抽象，人们普遍认为所讲授的内容与我们的实际生活较远，然而高中政治活动型课堂就是让学生通过充分发挥自己的能动性，在实践的过程中明白教学内容，使学生在活动参

---

① 徐倩芸．对高中思想政治活动型课堂的探索［J］．长江丛刊，2020（17）：186.

与过程中有所感悟，做到内化于心，外化于行。

思想政治课重视对学生思想意识的启迪，而思想、观念、意识的生产最初是直接与人们的物质活动，与人们的物质交往，与现实生活的语言交织在一起的。活动型课堂强调课程的活动性，充分调动学生的思维活动和现实活动，从不同类型的活动出发，创造不同的活动形式，充分调动学生的主观能动性，让学生自觉地投入到教学的实践中，从情感、态度、价值观的方向去培养学生的思想意识。

此外，马克思主义实践论强调在社会实践中实现人自由而全面的发展，每个人的自由发展是一切人的自由发展的条件。高中政治新课程标准的重要理念是培养学生的关键能力与必备品格，其目的是让学生获得精神性的生存，从而达到自由的境界，个人自由全面的发展才是每个人全面发展的前提。每个人全面发展的社会就是我们所强调和向往的共产主义社会。马克思主义哲学强调的实践观坚持以人为本，重视人的主观能动性，关注人的解放，以客观事物认识和改造为目的的物质性活动。马克思主义的实践论为实施高中政治活动型课堂提供了强有力的理论基础。

（三）经验课程理论

经验是主动因素和被动因素的结合，是尝试错误与承受结果两方面的联结。单纯的活动，并不构成经验，这样的活动是分散、有离心作用、消耗性的活动。活动就是一种尝试，而承受活动带来的结果就是经验。所以经验的获得来自于活动的实施。这里的活动既包括主动经验的行动，也包括活动之后获得的经验。因此，经验既是一个动词也是一个名词。从关于“经验”一词的定义中就能看出经验课程理论与高中政治活动型课堂实施之间的内在关系。

在学校里，学生往往过分被人看作求取知识理论的旁观者，他们通过直接的智慧力量占有知识。高中政治活动型课堂的要旨在于通过学生活动的参与，实现知识的内化，提高学生参与社会事项的能力，让学生在活动参与中适应社会的发展，掌握社会生存的能力，摒弃教师主导一切的课堂。经验课程理论中所蕴含的教育思想与活动型课堂的基本遵循具有一致性。

此外，经验课程理论中还存在一个重要的教育哲学命题“教育即生长”。教育即生长意味着教育是一个不断改造、不断开拓、不断转化的过程，因为生长是一个持续不断的进程。高中政治活动型课堂强调学生各项素质的成长，让学生在活动参与中不断加深对教学内容的理解，不断开拓相关内容，并将其转化为学生的内在能力，促进学生的可持续发展。

高中政治课程注重将知识逻辑与学生的情感逻辑、生活逻辑紧密结合。这种课程观念认为教材不是孤立、与现实生活相脱离的内容，而是与学生生活、情绪感受紧密结合的课堂组织模式。它使学生成为课堂的实施者、组织者和评价主体。学生是课堂的主人，注重学生心智、能力、思想观念以及将这种认知运用到实践中的能力。

二、高中政治活动型课堂的特性及其实现方式

高中政治活动型课堂作为活动型学科课程实施的重要场所，与一般意义上的课堂有所不同，高中政治活动型课堂不仅仅局限于学校，还包括各种校外实践活动。校外实践活动为学生的成长与培育提供了更宽阔的空间，让学生拥有更为真实的体验，更能调动学生的知识、情感和意识，是实施活动型学科课程的社会大课堂。高中政治活动型课堂不同于一般的课堂，具有自己鲜明的特征和实现方式。

（一）高中政治活动型课堂的特性

1. 任务性

高中政治活动型课堂是实现课堂教学任务的载体，而课堂教学的任务不仅体现在知识的传授上，还体现在关键能力和必备品格的培育上，更体现在将个人的能力运用到国家的发展和建设中，将个人的品格体现在生活中的一言一行中，与此同时感染他人，为良好社会风气的形成贡献自己的一份力量。政治课将落实立德树人根本任务作为本课程的基本遵循，这是政治课与其他课程的根本区别，政治课的作用是独一无二的。高中思想政治课程是落实立德树人根本目标的关键课程，以培育社会主义核心价值观为目的，是帮助学生确立正确的政治方向，提高思想政治学科核心素养，增强社会理解和参与能力的综合性、活动型学科课程。因此，培育学生的核心素养是高中政治活动型课堂实施的任务之一。

此外，高中政治活动型课堂的任务不仅仅体现为学生通过情境对知识的理解，还体现在让学生在类似情境中学会知识的迁移与运用中。知识的理解是学习的基础，知识的学习既是结果（知道什么）又是过程（如何知道），而如何知道的过程就培养了学生理解知识，构建知识体系，利用知识去创新性地解决问题，以已有知识为基础去学习新的知识，从而具备终身学习的能力与观念。同时，高中政治活动型课堂的突出特点是能够通过具体的情境，设计一系列序列化的活动，配合可操作、可实施的活动方案，让学生在学习知识的过程中培育作为社会主义接班人和建设者应该具备的关键能力与品质，从而达到政治课程立德树人的根本任务。

2. 情境性

（1）高中政治活动型课堂的情境性体现在活动课堂的实施依据于活动方案，活动方

案的设计应该基于一定的教学理念与教学目标。教学目标来源于高中政治课教材中每一节课的课程内容以及与课程内容相关的一系列活动及其结构化的设计。这些活动的设计势必要依托于与课程内容相关的情境。这一情境既包括社会实践活动中学生所看、所听、所触、所做、所感，也包括课堂中教师根据学生的现实生活经验、时政素材、社会热点信息等构建的虚拟情境，但是虚拟情境并不是伪情境，这种情境是能够引起学生情感感悟—知识生成—行为升华的情境。

（2）情境贯穿于活动型课堂实施的过程之中。活动型课堂的实施依托于问题的创设，每一活动环节中问题的设计必须紧贴课程内容与情境，这一情境可以是真实的事例、生动且具有哲理性的故事，富有感染力、渲染力的艺术表演，从情境出发围绕课程内容，环环相扣推进课程的实施。

（3）情境性体现在高中政治学科任务的达成上。高中政治新课程标准提出了四大核心素养，这些素养的培育都需要依托于具体的情境。不管是社会实践中社区志愿活动的参与，博物馆、纪念馆的参观，法治信息的宣讲，还是课堂上教师借助多媒体呈现的真实事例、教育性故事、本土资源等在培养学生核心素养上有着显著的效果，能够激发学生学习的内在动机，让学生在学习中获得感悟、提高能力。同时这些情境的设置让活动型课堂的形式与内容更加丰富，能充分调动学生的积极性，充分体现出学生的主体地位，让知识在情境中生成，让学生的情感在情境中升华。

3. 可操作性

活动型课堂的实施依赖于活动的实施，这就要求活动具有可操作性。

（1）活动的可操作性体现在活动内容与课程内容的关联中。这需要课堂教学的主导者教师通过对教学内容的整合与加工，提高活动设计的层次，重视不同知识与活动的高度契合，关注活动之间衔接的自然流畅。同时注重情境材料的挖掘，根据情境创设可进行活动的问题，引导学生的回答能够落实到课程内容的学习、加工与运用上。

（2）在活动的设计上不仅要明确本节课的教学目标、做好情境创设资料的收集、整理，同时需要想好情境推进、活动贯穿之间的过渡词，促使活动与情境之间的转换与推进自然顺畅、逻辑严谨、环环相扣、层层推进，促使活动的开展有条有理，有凭有据，有始有终。

（3）活动的可操作性与活动的场所、环境、教学对象的综合素质息息相关。因此在设计活动时要与实际的教学环境、教学设备以及学生的适应能力相匹配。

4. 活动性

活动性是高中政治活动型课堂最基本的特点。活动是推动活动型课堂有效实施的关键路径。构建活动型学科课程要拓展活动的意义，强调知与行是活动，学而思也是活动，讲问题是活动，提问题也是活动；社会实践是活动，课堂教学也是活动；寻求结果是活动，享受探究过程也是活动。由此可以看出活动具有丰富的内涵。吸收这一观点的内涵，可以看出活动型课堂本身就是一种活动，高中政治活动型课堂具有活动性的特征。活动型课堂的实施对活动的质量、达到的效果提出了更高层次的要求。

高中政治活动型课堂的活动性主要体现在活动与情境、教学任务的结合之中。活动型课堂中情境的选择、创设、呈现、深化都需要在活动中落实。

（1）生活情境、案例情境、矛盾情境等一般来源于学生的亲身实践，或者是所见所闻。

（2）情境的创设一般需要教师与学生的再次加工创造，而不是简单的情景再现，资料、图片的简单堆积，由此可以看出活动型课堂实施中创设情境这一环节也充分显现了活动性。如果没有活动，情境创设好之后没有付诸行动，教学任务的实现没办法达成，情境形同虚设，教学任务只能依赖教师的讲解，学生的主体性无法发挥，思维缺乏张力，学生的求知欲和学习动力不足，无法体现出高中政治活动型课堂的优势，与传统的灌输式教育没有区别。

（3）课程中每一环节的实施都需要活动的支撑，活动不仅仅包括社会实践活动，课堂上教师的讲授也是一种活动，这种讲授要引起学生思维的活跃，推动学生思维活动，让学生进行问题的讨论也是实施活动型课堂的目的。

（二）高中政治活动型课堂有效实施的实现方式

1. 教学活动的设计与实施是核心

教学活动的设计能力包括：教学活动目标的确定、活动内容的优化、活动资源的开发与选择、活动环节的设计。教学活动的实施能力包括：活动情境的创设、活动实施形式的选择、活动任务的落实与达成、现代教育技术的运用等。

教学活动的设计与实施是一节课能否顺利实施的关键，这对教师专业素养与能力提出了更高要求。在这种高标准、严要求之下任课教师的教学观念得到改善，教师的专业能力得到提升，促使教师在平时的教学中积极探索活动型课堂有效实施的关键措施。

教学活动目标的设计应该与政治学科核心素养、课程内容相结合并符合“三贴近”原则。此外活动设计应该是具体明确、切实可行、便于师生进行自我检测；教学活动设计时需要注重活动内容的选择、概念的梳理、观点的明确、理论的厚实。此外活动内容的选择要根据课程内容的特点、学生的实际情况、教学条件等来设计，使活动内容具有一定的深度、广度与梯度。活动过程的设计也是教学活动设计的重要方面，活动过程设计的层次性、节奏性、完整性、清晰性是活动能否实施的重要支撑。活动的设计还需要具体操作来落实，因此在教学活动的实施过程中要注重活动环节的过渡自然、逻辑的严谨，步步引导、层层推进。与此同时教学活动的实施还需要根据课程内容来营造轻松、平等、民主的学习活动情境以及灵活采取不同的活动组织的形式，推进课堂活动任务的落实与达成，并能够熟练运用现代教育技术。

2. 学生活动的参与和素养的达成是目标

学生活动的参与度关乎活动型课堂的顺利实施和活动目标的达成，而学生在参与活动的过程中学科核心素养的达成则是活动型课堂的核心要义与最终目标。因此，在实施活动型课堂时要关注学生关键能力的培养与必备品格的养成。学生活动的参与度表现在学生能积极投入活动，在活动中善于和同学协同合作，能发现教学资源和材料中蕴含的设疑，敢于表达自己的观点。同时还表现在学生能够根据具体的教学内容在与同伴的交流中自学相关内容，在与师生的活动交流中主动承担相关任务，敢提出质疑，能透过现象看到本质，善于总结归纳，富有想象力和创新力。这对教学活动的设计与实施提出了更高的要求。

学生通过活动的参与，使学生在辨别与判断能力、分析与综合能力、探究与建构能力、反思与评价能力方面有普遍的提高。同时在活动参与中实现学生情感、态度、价值观方面的升华，让学生坚定政治认同感，启发学生的科学精神，激发学生公共参与的热情与能力，具备法治意识。让学生具备成长与适应社会发展的关键能力与必备品格，真正做到立德树人。

3. 活动型课堂文化的创设是基本

班级气氛是一种老师和学生发生互动，并浸染其中的气氛或情绪，教师行使权威，展示温情和支持，鼓励竞争或合作，允许独立判断和选择的方式和程度，因而营造了课堂气氛。良好的活动型课堂的文化氛围离不开彼此尊重，团结互助的生生关系和民主、关爱的师生关系。在这样的课堂活动中才能激发学生主动参与到课堂活动中，让学生在活动中能够主动承担不同的角色，和同学相处融洽，相互激发学习的热情，团结互助，尊重他人的想法，给予他人展示的机会，同时在与他人的良性竞争中共同进步。而民主、关爱的师生关系才能促使学生进行自由表达，积极关注学生的动态，及时给予学生相应的反馈。

在轻松良好的课堂文化氛围中，学生才能够做到敢参与、敢表达、敢质疑、敢活动。真正的教师不仅会设计与实施活动，还会营造与随机改变各式各样的课堂氛围。现有三种不同类型的课堂氛围，分别为：竞争、合作、个人主义。这三种课堂氛围为根据课程内容，活动的性质与形式选择不同的课堂氛围提供借鉴，不同的活动类型所呈现的课堂氛围应该是不同的，课堂氛围的创建可能会为活动的实施以及活动效果的取得加分，因此我们教师不仅要创设学习氛围，还要根据不同的教学目标灵活转变教学氛围，良好的班级气氛的渲染潜移默化地影响着学生和教师的语言和行动，同时也增进了学生与教师之间的联系，清除师生之间的屏障。

三、高中政治活动型课堂有效实施的意义

（一）活动型课堂是落实学科核心素养的重点

高中政治新课程标准的基本理念是构建以培育思政学科核心素养为主导的活动型学科课程，重在通过将学生的生活逻辑、情感逻辑与教材中的知识逻辑相联系，通过教学的设计与实施让学生在体悟教学内容时能获得思想境界的领悟、个人能力、素质的提高，使学生具备探究、钻研、思辨、团队协作的能力。具体包括培养学生的政治认同、科学精神、公共参与的能力以及必备的法治意识。而活动型课堂是一种以情境为依托、活动为组织形式，任务为主线的课堂组织形式，目的就在于培养学生的核心素养。因此，活动型课堂是落实学科核心素养的重要抓手。

第一，我国公民的政治认同，就是拥护中国共产党的领导，坚持和发展中国特色社会主义，认同中华人民共和国、中华民族、中华文化，弘扬和践行社会主义核心价值观。作为政治学科核心素养的政治认同则表现为对于一定社会制度和意识形态的认可和赞同。政治认同的达成需要通过情景渲染的方式来达成，学生在特定的情景渲染中，自然而然地在情感上、意识上获得政治认同。高中政治活动型课堂是一种围绕教学内容，利用丰富素材创设情境，让学生在活动情境、问题探讨中引起学生的情感共鸣，让学生在活动参与中获得情感和观念的认同。

第二，科学精神就是在认识世界和改造世界的过程中表现出来的一种精神取向，是一种对问题的追问精神。这里的问题追问不是对已有的固定知识进行简单机械、浅层次的复述，而是对问题本质的追问。高中政治活动型课堂针对教学内容，创设不同的问题。在课堂提问中注重通过问题设置，深入引导学生进行层层探究，使知识的生成在问题的探究中达成。从而达到解放学生思维，增强学生的思辨能力，提高学生分析与解决实际问题的能力的目的。科学精神的培育同时注重问题启发的时机性。注重问题提出和引导的时机，让学生在问题的探究中形成科学探究的品质。

第三，法治意识就是尊法学法守法用法，自觉参加社会主义法治国家建设。高中思政活动型课堂具有开放性，活动形式具有多样性，课堂场所丰富，教学基地广泛，可以为学生法治意识的培育提供更为真实的事例，用真实案例触动学生的心灵，让学生树立正确的法治意识，让学生明确触犯法律的不良后果，以此警醒学生的意识，约束学生的行为，从

而感染学生，让学生在日常生活行为中以法律为标尺，来衡量自己和他人的行为，为维护他人和社会正义发声，主动与违法行为做斗争。让学生通过遵守法律、践行法律、宣传法律等方式参与到社会主义法治国家的建设中来。

第四，公共参与就是有序参与公共事务、勇于承担社会责任，积极行使人民当家作主的政治权利。我们国家是人民当家作主的社会主义国家，人民是社会生活的组织者和参与者。未来国家社会的治理需要青年一代来继承。高中思想政治活动型课堂立足于课堂活动，为学生参与社会活动提供真实的场所和相关的模拟情境，让学生在真实的活动参与中锻炼公共参与能力，培养学生对我们党的领导、国家制度、优秀传统文化的认同，培养学生主动担当社会责任的意识。在参与公共事务中体悟课本内容的真实性，在实际的活动践行中加强学生作为公民的责任感和使命感，提高学生公共参与的热情与能力。

（二）活动型课堂是推进课程内容活动化的工具

高中政治新课标要求中最重要的一个亮点就是构建能够融入核心素养的活动型学科课程，而构建活动型学科课程的重要载体就是活动型课堂。活动型课堂既是活动化的课堂，也是课堂化的活动，活动贯穿于课堂教学之中，但活动不是目的，活动是搭建起师生之间和同学之间相互交流、互动与发展的平台。活动型课堂的真正目的就在于激发学生对课程内容的兴趣，参与活动，感知活动中蕴含的教学知识，让学生从活动中体验—感知—思索—践行—创新，从而达到活动设计内容化。

此外，活动型课堂的设计力求在课程内容的活动化。这就对课堂的活动提出了更高的要求。活动在切实可行的基础上，注重从生活经验以及学生已有经验出发，使活动具有生活性。让每一位学生能够参与到活动中，能发表自己的看法，可做出行动。此外活动要能够激发学生的兴趣，引起学生思维的发展，富有启发性，要能够调动学生的积极性，培养学生善于质疑，力求创新，付诸行动的能力。

（三）活动型课堂是高中政治教师成长的助推器

高中政治活动型课堂的组织与实施，对教师专业能力提出了更高的要求，是教师专业成长的助力器。

第一，教师应当在备课时做好设置与规划，了解课堂教学内容，重视对教学内容的理解与分析，然后进行合理的规划和安排。在内容讲解方面，教师应该做到深挖内容的含义，厘清知识之间的内在逻辑，突出教学内容的重难点，厘清讲解知识的顺序、明确划分知识层次，实现教学进程的有序性，教学内容的逻辑性、思想性。在课堂实施过程中，需要教师对课堂中随时可能出现的问题进行预设，并做好应对之策。此外，在教学内容的讲解中适当进行相关内容的拓展，丰富课堂教学的内容。在组织课堂练习时，注意习题的数量与质量，划分练习题的难易程度，关注与高考考点的一致性。在推进学生知识增长的同时，致力于通过习题的练习让学生能够获得能力的提升和情感培养的升华。

第二，教师在设计活动时不仅要考虑知识传授得精准、全面，还要进行活动情境的设置。情境设置需要收集、积累情境素材，素材应当能够贴近实际、贴近学生生活，立足于学生的实践经验，满足学生的发展需要，贴近教学内容。问题情境的设计要起到加深学生对知识的理解，提升灵活运用知识的能力的作用。教师要在具体的情境中引导学生不断感知、理解、发现和运用知识，让静态的知识鲜活起来，让学生在情境活动参与中发展自己的核心素养。

第三，教师要设计有趣的活动形式，让学生积极主动地参与活动。活动的设计要有目的，在注重活动形式与课程内容相结合的同时注重学生学科素养的培育，让学生在活动参与过程中既能增长知识，锻炼能力，也能陶冶情操，冶炼品格，以活促学、以活增智，在活动型课堂中促进学生的持续成长，真正发挥高中政治课立德树人的作用。

第四，教师应在活动型课堂的实施中不断总结经验，进行完善与变更。教师应该结合自己的教学实际情况，使用合理科学的活动实施方案，从核心知识点、教学重难点、思维拓展点、能力训练点、情感培养点的突破等方面做好教学反思。这些要求同时也倒逼教师不断钻研课标、整合教材，转变观念，革新教学方法，在活动型课堂的实施中提高了教师的专业素养。

（四）活动型课堂推动高中政治课堂教学模式的革新

教学模式就是学习模式，在帮助学生获得信息、思想、技能、价值观、思维方式及表达方式时，也在教他们如何学习。由此可以看出教育的目的不仅包括知识的获得、能力的培养，还包括让学生乐学、善学、会学，具备将知识转化为解决问题的智慧。然而以往的高中政治课的教学模式较为单一，教师通过简单的事例、资料、素材等通过简单口头表达的方式向学生传达，并与学生交流其中蕴含的有关高中政治课程的相关知识点。这种教学模式在知识的传授方面的作用是值得肯定的。它能够引起一部分学生的深思，促进学生思维的发展。但是课堂应该是面向全体学生，注重激发全体学生的学习热情。这种课堂组织模式才能被称为“有效的教学模式”。

活动型课堂的实施无疑是转变教学模式的推手。活动型课堂注重学生自主进行知识的建构，做课堂的主人，主动与他人进行合作探究。教学模式的种类很多，例如：①信息加工型教学模式是一种学习归纳模式；②社会型教学模式注重学生进行合作学习来处理社会公共事务；③个人型教学模式是以学习者为中心，倡导发展自我的教学模式；④行为主义系统性教学模式强调通过学习行为的训练来达到学会学习的目的。这些教学模式各有利弊，无法单一地与高中政治课堂的教学模式进行匹配。

活动型课堂中运用哪种教学模式，应该根据教学内容的特点，以及不同教学模式的优缺点选择不同的教学模式。但是活动型课堂的开展着实推动了高中政治课堂教学模式的转变。

四、高中政治活动型课堂有效实施的对策

课堂教学是育人的主渠道，是质量提升的主阵地，是教师专业成长的摇篮，牢牢抓住课堂、死死盯住课堂、稳稳上好课堂。根据高中政治活动型课堂出现的问题及原因，要从教师的教、学生的学、活动型课堂文化的创设三个维度出发，提出从转变教学观念，提升教师专业素养；巧设活动方案，重视课堂主阵地；精设问题与情境，渲染活动氛围；注重教学资源的积累和开发，鲜活课堂活动；优化课堂评价指标，实现价值引领；构建多方联动机制，从六个方面来推动高中政治活动型课堂的有效实施，具体如下。

（一）转变教学观念，提升教师专业水平

1. 转变教学观念

高中政治活动型课堂的实施贯穿着立德树人的根本目标，与以往只注重知识讲授，成绩提升的观念不同，高中政治活动型课堂注重对学生能力的培养，情感的熏陶，意识的培养。因此，实施高中政治活动型课堂离不开教师与学生观念的转变。教学观念的转变是推动高中政治课堂有效实施的内在因素。教师和学生都应该摒弃以往落后的教学观念，探索新的教育和学习的观念。

教师应该摒弃以往教学掌控者的角色，信任学生、把课堂还给学生，让学生进行自主的选择，以独立思考、团队协商的方式解决问题、获取知识。让学生在课堂活动参与中获得成就感，激发学生的学习兴趣，将实施活动型课堂以培育学生的核心素养落到实处，将教学任务和目标指向学生，实现“育人为本”的理念。同时学生应该转变对政治课程的固有看法，通过活动情境和问题的思考，课堂活动的参与，认真体悟教学内容，主动将知识与生活相联系，明白其中蕴含的真理，主动进行知识的建构，情感的陶冶。

此外，构建活动型学科课程是高中政治课程标准的重要举措，而活动型课堂的实施是构建活动型学科课程的重要抓手，作为一线教师应该在自己的教学中增加教学实践的次数

和课时。将其作为自己教学的挑战和需要攻克的难关，将其运用到实际的教学过程中，不断实践、不断积累经验，迎难而上，积极进取。在实践过程中摸索出具体可行的路径，做活动型课堂实施的先锋者、探路者。

2. 提高教学技能

高中政治活动型课堂的有效实施具有一定的难度，对教师的教学技能提出了更高的要求。

（1）要提高活动型课堂实施的有效性，需要教师对知识十分熟悉，明白概念的内在含义，确定知识的教学战略，然后针对知识的特点和内涵做好活动方法和形式的设计，做到活化知识。同时注重学生自主学习、问题探究、知识迁移、创新意识与能力的提升。

（2）在活动形式和内容的设计中既要考虑活动的可行性，也要关注学生的接受度。活动的可行性就要求能够在活动过程中解决教学内容的目标，重难点，同时能够培育学生的思维水平，提高学生各方面的能力，增强学生对教材中所讲授内容的认同，让学生学有所得。学生的接受度表现在组织的活动形式能否调动全体学生参与其中。这就要求活动的内容与形式和学生的生活习惯、认知观念、兴趣爱好、知识获得、能力培养、情感表达相契合。

（3）在实施活动型课堂的过程中要学会随机应变，灵活处理好课堂上的突发状况。这就要求教师在上课之前做好充足的预设，对探究问题的答案、学生可能提供的答案等进行提前的预设，并根据学生的回答引导学生对活动问题的答案进行自主生成。做到让学生自主生成答案，而不是简单的告知。让学生在活动的参与、问题的探究、小组的合作、议题的讨论等活动形式中获取知识，增强能力，培养情感。

（二）巧设活动方案，重点关注课堂主阵地

1. 明确教学目标，关注学科核心素养的培育

教学目标的确立是核心素养融入活动型课堂的重要一环，主要包含三点：①教学目标指向学生，是学生要达到的目标，而不是指向教师；②教学目标是预期的结果和标准，而不是已经实现的，并且具有切实可行性；③教学目标体现着教学的价值，是一种价值选择。

（1）面向学生。明确学生的诉求，让学生能够在知识的学习中，培养相关能力，让学生能够在社会立足。将学生关键能力和必备品格的培养作为活动教学总目标来设计课堂教学。同时要将课堂教学总目标落实到教学的各个环节。这些环节包括素材的选用、问题的设计、教学方法的应用、师生之间的对话与引导。我们不仅要让学生成为课堂教学的对象与接受者，也应让学生成为课堂教学的贡献者，充分发挥学生的主动性。

（2）注重活动的可操作性和有效性，摒弃单纯追求活动形式的观念，使活动更具有深度与内涵。推动活动的可操作性要做好充分的课前调研与准备，包括了解学生对知识的掌握情况、整个班级学生的个性与班风，根据学生的风格来确定活动课堂的实施方法。此外，注重活动方案的设计，包括素材的选用和活动开展形式的设计。在素材选用上，要贴近教学内容、贴近学生的生活，同时对素材进行再次加工与整合，充分考虑教学时间的长短，在有限的时间里发挥素材和活动对教学内容的最大作用。在活动开展方式上，要考虑实际的教学环境、教学资源以及学生的参与度和配合度。

（3）教学目标的确立，要符合新课标对学生核心素养的培育。每一教学环节的设计要与教学目标中对学生核心素养的培育环环相扣。不仅要重视学生对知识的识记与理解，还要通过问题情境的设计，让学生通过对一个现实问题的解决从情感、态度、价值观角度对所教授的内容有所感悟。通过结合生活实际向学生提出问题，这样的问题设计、素材的选用能够吸引学生，使学生对问题有话可说同时有所感悟。将学生核心素养的培育作为活动型课堂实施的根本遵循，使活动型课堂中各种活动的开展围绕活动和核心素养展开。

2. 挖掘教学内容，创设活动型课堂的新形式

教学内容的挖掘，是实施活动型课堂的依据，活动课堂中活动组织的形式，情境素材的选用，活动目标的达成都需要围绕教学内容进行。而教学内容的挖掘还需要具体的课堂组织形式来完成，课堂的组织形式是衡量课堂教学理念、课堂活动目标的重要依据。因此，推动高中政治活动型课堂的有效实施，必须要深挖教材，掌握教学内容的核心，精心设计课堂活动形式，以推动活动目标的达成。

（1）教师应该认真钻研教材内容，注重对教材内容之间内在逻辑的梳理，明确教学的重难点，做到详略得当、有张有弛，对教学内容做到信手拈来。

（2）应充分利用各类资源创设活动情境，来丰富课堂活动形式。活动型课堂的组织形式离不开对学生学情的了解，立足于学生的实际生活，将学生已有的经验和认知作为情境素材搜集的方向。关注学生的兴趣，聚焦社会热点、新闻时政、典型案例、真实事例，由此来设计活动内容，利用这些素材来佐证教学内容、丰富课堂活动，激发学生的内在动机。但同时我们也应该明确教学内容的真切内涵，注重素材选用的启发性，要做到有理有据，切忌将素材与内容生拉硬套。

（3）巧设活动内容，需要借助各种活动形式。活动形式的采用要与课堂内容相匹配。例如B老师在讲解就业的意义时采用了正反方辩论的形式、A老师在把握学生的综合素质与教学内容的难易程度，采用翻转课堂的方式设计课程。因此，活动内容的设计要借助合适的活动方式，这样才能让学生在对教学内容理解的基础上，培养学生发现问题、解

决问题、团队协作、交流沟通的能力，培养学生敢于争先、勇于表达、积极主动参与课堂的意识，真正实现学科育人的作用。

（三）创设问题与情境，渲染活动氛围

高中政治核心素养的培养是在个体与情境、问题的有效互动中生成的。高中政治活动型课堂的实施需要问题情境作为主线来推动活动的实施，而活动的实施必须依靠活动氛围，在活动氛围的感染中，让学生积极主动参与活动，让学生的情感得到释放，能力得到提高，以学生的内在动机带动自己发展。而活动问题的要能够激发学生的思考，培养学生的抽象思维和逻辑推理能力。

1. 创设情境，促使学生以情引思

高中政治活动型课堂的实施需要依托情境，典型情境的设置必须是真实的，且与学生的生活是相契合的，真实的情境才能够引人深思，让学生入境、动情，让活动型课堂的实施更具有生动性、趣味性，从而让学生更积极主动地参与课堂活动中，激发学生的深思，从而引导学生进行正确的价值判断与价值选择。真实的情境离不开教师对生活的观察，也少不了对学生生活、想法、喜好的留意。由于课堂的主人是学生，活动的主人也是学生，因此情境的设置还要符合学生的心智，让情境的设置与学生的思想、情感相联结。

例如，老师在讲解《用发展的眼光看问题》一课时，利用5G的发展历程作为活动情境，让学生结合议题情境中提供的有关5G发展的优势以及面临的问题出发，通过让学生自主探究、展示的方式，来理解新事物能否战胜旧事物这一问题。5G素材新颖，属于社会热点问题，学生关注多，从这一真实、典型情境出发，激发学生的兴趣，引导学生入境。情境通过下发纸质版情境材料的方式符合高中生的思维方式，让学生自主阅读材料，从材料中提取有用信息，这种方式与高考模式也具有一致性，切实地做到了让学生以情引思。

2. 细化问题设置，引导课堂活动的推进

问题的设置是活动实施的推手，每一教学环节的情境之下都需要问题来推进教学，巧妙设问能够有效地推进师生对话与交流，引发学生深思，让学生愿意活动、喜欢活动，从而更加有效地推动活动型课堂的实施。

（1）问题的设置要具体有效，具有指向性和目的性，问题过于空洞、宽泛，会误导学生的思考，同时要指向教材内容与教学目标，始终贯穿培养学生核心素养这一目标。

（2）问题的设置要具有引导性。所谓“引导性”，是指通过教师的巧妙设问和循循善诱，引导学生深入思考、层层推进。引导学生透过情境中反映的问题，看到情境后面与课程内容相关的实际信息，在这样思考的过程中提高学生的思维水平，培养学生对知识

的构建的能力，注重对学生现有知识水平的扩展，而不是停留在知识的表面。

（3）问题的设置要具有层次性。这种层次性体现在问题的难度上，对于简单易学的知识，可以通过让学生自学的方式去发现问题、解决问题，让学生明白自己学习的薄弱点，还能培养学生勤学、善思的能力。对于难度较大的问题，可以通过教师指导，课堂活动的方式进行探究，这种举措可以使难度较大、学生普遍不懂的问题得到集中解决，而且减少课堂活动中要解决的问题，减少课堂活动的压力，使课堂活动真正有效地落到实处。

（4）问题的设置要具有启发性。真正具有启发性的问题能够让学生产生共鸣，引导学生自觉主动地去探究问题，解决问题。在探究问题的同时引导学生进行深入思考，把握问题与知识之间的内在联系，运用知识去创造性地解决问题。

（四）重视教学资源的积累与开发，鲜活课堂活动

1. 重视师际、校际资源的交流与共享

活动型课程资源是在活动型课程的设计、实施和评价等整个课程发展过程中可以利用的一切人力、物力以及自然资源的总和。因此，教师在实施高中政治活动型课堂时要注重教学资源的交流与共享，为活动型课堂的开展节约时间成本。老师之间应该建立一个共享资源库，将自己在微信公众号、微博热点等社交媒体所看到的有关资源发布在共享资源库中，这种资源库的载体很多，可以是微信、QQ等社交媒体群、也可以是资源分享的公众号等。这种资源库的建设为教师与教师之间的联系也提供了机遇。教师们可以通过互相交流来增长见识、汲取经验，寻求指导，获取评价，为教师个人的成长和教学活动的实施提供良好的平台。

与此同时，教师之间、学校之间可以成立教研小组，或者组织研讨活动，如集体备课、赛课、评课、听课活动等平台与机会，推动教师之间的相互学习与交流，在借鉴其他教师，推动教师成长的同时，也能激发教师主动寻求成长的动力。高中政治活动型课堂资源的交流与共享不仅局限于校内政治教师之间，还在于加强与校际教师之间的相互交流，共同成长。因此，应该建立校际之间资源交流共享的长效机制，来解决教学过程中资源寻找、处理的难题，丰富活动型课堂的形式，增加活动型课堂实施的次数，让高中政治活动型课堂成为常规教学组织形式。

2. 建立教师个人活动方案资料库

活动方案与其说是设计出来的，不如说是发现的。活动方案的设计不是人为编造、主观臆造的，而是需要教师通过关注生活，关心时事，通过日常留意一点一滴进行积累的结果。“教学做合一”的生活教育思想强调生活教育是给生活以教育，用生活来教育，教育要通

过生活才能发出力量而成为真正的教育。因此，要对学生进行生活教育，就需要教师从生活中的实例出发，通过利用各种媒体将生活中的素材进行积累。由于素材的形式、内容过于繁杂，平台内容更新快，如果不进行收藏或者积累很可能就会丢失。而素材的收集往往是教师课前备课任务中较为繁重的一环。为解决教师前期备课时收集资料的繁重任务，教师可以利用电子平台建立自己的资料库。资料库的建立可以为自己平时资料的积累提供一个放置的平台，还可以将这些资料根据教材内容以及素材的形式进行分类，以便后期查找。

此外，教师在阅读书籍、观看新闻，以及微信公众号、微博等资源平台时应该具备资源利用、使用的敏感度，根据素材的内容与形式将其与教学内容相结合，将资源随时随地进行分类、保存。这种方式将大大缩减教师备课时间，提高备课效率，为教学增色，提高学生对政治学科的兴趣。与此同时，教师也可以发挥学生的主体作用，让学生进行资源的收集，并对资源中蕴含的教学内容进行分享，在这一过程中来锻炼学生获取、利用资源的能力，让学生更加适应、喜爱这种教学模式，从而增强教师开展活动型课堂的信心，为学生创造良好的活动型课堂环境。

（五）优化课堂评估指标，实现价值引领

1. 贯彻科学的价值导向

评价要将过程性评价与终结性评价相结合，注重评估学生解决情境化问题的过程与结果，反映学生所表现出来的思想政治学科核心素养发展水平。

（1）在实施活动型课堂时应该优化对教师和学生的评价，在教学评价中站稳立场，将正确的政治意识、价值观念贯通到活动型课堂实施的全过程，高举马克思主义的鲜明旗帜，培养学生辩证唯物思想，将社会主义核心价值观的培育贯穿始终，让学生做到“知行合一”。让学生有是非观念，有基本的价值判断与价值选择的能力，将学生的知识储备、各项能力的获得、理想信念、品格的培育、意识的觉悟作为评价学生的基本标准，摒弃以前“唯成绩论”的单一评价标准，贯彻科学的价值导向，将学生的评价与学生的发展相结合。

（2）重视过程性评价，将学生在活动参与过程中的参与度，以及表现作为评价学生的标准，让学生在这种课堂活动的参与中获得自信心、上进心。从而提高学生的能力，让学生学会学习、学会生活、学会生存，最终达到转识成智的目标。

（3）注重评价过程中对学生责任意识、担当意识、发现问题、探究问题、解决问题能力及目标明确，勇于克服学习、工作、生活中困难的意识的培养，培养学生积极向上的精神。强化学生政治认同、理性地对待问题、认清自己的责任使命，把个人理想融入国家和民族的发展中。

2. 构建多元化课堂评价方式

多元智能理论认为每个人至少八个方面的智能，它是认知思维和认识世界的一种潜能。只不过每项潜能的发挥能力是不同的。例如有的人天生空间想象力较强，有的人艺术和审美能力较强，所以每一人的潜能是不一样的，每个人都有自己优势和长处，所以在对学生进行评价时不能用单一的评价方式，应该探寻多元的课堂评价方式，为激发学生各个方面的潜能，促进学生的全面发展保驾护航。

高中政治课作为一门传递国家主流价值观，培养国家接力人的课程，其课程性质与其他课程之间有着一定的区别。因此，学生的评价应该摆脱原有评价模式的缺陷，探索出一种有利于学生核心素养培育的多元评价体系。推动学生对思政课程的认同，从而促使学生对思政教学内容的遵从与践行。高中活动型课堂不同于传统教学只注重学生成绩的评价。高中思政活动型课堂不仅对学生知识的获得和能力的提升进行评价，还注重对学生的思想的提升、素质的养成、品德提高进行考核评价。

在评价对象和评价主体方面，改变以往教师对学生进行评价的单一方式，还可以拓宽学生评价的渠道，让学生进行互相评价和自我评价，形成教师评价与家长评价相结合的方式。评价的依据不仅可以通过平时作业、考试成绩，还可以对学生平时的课堂表现进行评价。例如在时政讲评、知识竞赛、课题汇报等活动中学生扮演的角色，对任务完成的贡献度等方面对学生进行评价，使学生从不同角度获得成就感。这种多元化的评价方式能够实现对学生核心素养、关键能力和必备品质的达成，实现对学生的价值引领，促进学生的全面发展。

（六）创设多方联动机制，保障活动型课堂的实施

1. 国家合理配置课程

高中政治课程的教材内容发生了相关变化，课程的设置上在原有必修课程、选修课程的基础上新增了选择性必修课程。在满足学生基础学习的同时，根据学生的兴趣，个性化的需求，多样的发展方向提供选择。活动型课程的开展为这些课程的开展提供了更加丰富的组织形式，对改善以往学校只重视考纲要求的必修课程，而忽略了选修课程的开设现状提供解决的途径。

此外，教育部对政治学科的必修、选修课程做了明确的规定，学校应该按照教育部的要求开全、开齐、开足相关课程，使实施活动型课堂提供的主题的丰富，形式多样。同时教育部应该满足课程实施的要求，如必修课程的与选择性必修课以及选修课程的课时安排，考核方式、考核标准等。同时为开设活动型课堂提供政策和经济上的支持，不断完善活动

型课程实施的场地、设施和师资力量的配备。同时引导学校重视对家长、学生相关变化的宣传，帮助学生根据自己的兴趣和实际情况自主选择适合自己的课程。国家应该对学校课程的开展进行相关监督，避免不开、漏开政治相关课程或者随意减少开设课时的状况。

2. 地方教育部门加大保障力度

地方各级教育部门应该对学校教师实施活动型课堂提供人力、物力和财力方面的支持。

（1）在人力方面，在进行教师招聘或者人才引进时要严格把关，注重对教师各个方面的考查，为活动型课堂的实施配备具有强大发展潜力的教师队伍。同时在薪资待遇、职称评定、业绩考核等方面提供保障，让教师们可以无后顾之忧。此外地方各级教育部门应该为教师的专业成长提供保障。为此，地方各级教育部门可以建立优秀教师带头制，成立专门的工作室，为活动型课堂的实施发挥引领和发散的作用，既可以联合工作室的教师探索、开展活动型课堂，为其他教师实施这一课程提供示范，同时号召更多的教师加入研究高中政治活动型课堂的行列中。

（2）在物力方面，为实施活动型课堂提供场所和进行社会实践活动的基地，并达成长效的合作机制。发挥好不同学校间资源共享、资讯共通、交流合作的牵头作用。

（3）在财力方面为教师的培训，工作室相关活动的开展提供经费支持。

3. 学校健全保障机制

学校是活动型课堂实施的重要场所，因此学校的各项保障制度是活动型课堂有效实施的关键。因此，在观念上，学校各部门领导转变以往观念，重视政治课的开设，将政治课作为立德树人的重要课程。积极鼓励教师在课堂中实施活动型课堂，为教师提供积极参加相关赛课、备课、讲座的活动的机会并将其获得的相关证书、奖状等纳为设为政治课教师评奖评优的依据之一。注重课程教研组教师以优促优，带动教师主动地参与到活动型课堂的研究、实践当中。

同时学校各领导在排课时应该在课时上给予政治课保障，课程时间段的安排不能集中在早上后两节，应该适当进行调节，为教师和学生参与开展活动型课堂提供良好的时机。为教师开展各类活动型课堂提供制度保障，让教师进行活动开展时有制度可依，减轻教师的心理负担。

第三节　高中政治陈述性知识课堂的有效教学

一、高中政治陈述性知识的基本认知

陈述性知识是个体通过自己新的意义构建把其贮藏于记忆之中，需要时个体会有意识地回忆提取出来的知识，是能够用语言进行直接描述的知识。陈述性知识为程序性知识提供了基础和保障，陈述性知识是需要通过反复训练，对知识点进行理解记忆及运用的基础知识的总称。

阐释高中政治陈述性知识的概念。高中政治陈述性知识关于概念“是什么”“为什么”“怎么办”的知识，是对高中政治学科中某一概念内涵的阐释，属于静态知识。陈述性知识是进一步学习和研究高中政治学科其他类型知识的基础，也是高中政治学科知识系统化的基础，在所学知识中占有很大的比重。

高中政治新课程标准要体现德育课程教学的性质，要表达课程改革的基本追求，反映高中教学特点。新课程背景下的高中政治课，应该以课堂学科知识的教学为载体，让爱国情愫在心灵中生成。

二、高中政治陈述性知识的特点

（一）数量丰富

在高中政治教材中陈述性知识数量大，在教学内容中所占比重也较高，对于高中学生而言，高中政治陈述性知识的学习与理解是学习其他政治知识的前提和基石。

（二）语言精简

由于每一个模块政治陈述性知识含量大而教材篇幅又有限，致使高中政治课本中的陈述性知识的表述和阐释精炼、简洁。从另一层面而言，也对教师的教学提出了更高的要求，需要教师在高中政治陈述性知识的教学中深入浅出，帮助学生理解关键知识点。

（三）运用广泛

高中政治陈述性知识来源于生活，因此在生活中俯拾皆是，运用非常广泛。陈述性知识就在人们的日常生活中，不可或缺。现在高中政治教材编写生活化，教材中的许多陈述性知识是我们生活中正在经历的和必须掌握的。随着社会变迁和科技的进步，经济生活水平的不断提高，人们对知识的丰富度要求越来越高，也越来越关注自己身边世界，关注国家政治与经济。因此，对症下药的课堂教学策略，有利于把陈述性知识深化迁移到程序性知识，以解决实际问题，才是学习的真正目的与归宿。教育的目的就是让学生将知识与技能回归到生活中，解决生活中的实际问题。

三、高中政治陈述性知识课堂情境创设策略

（一）情境的创设生活化

情境体验教学中情境的创设是整个活动的主线。情境体验教学活动中的情境不应该是教师的凭空捏造，而应该是来源于生活，可以是国家社会中的大事也可以是学生家庭、学习、生活中的小事，同时应该高于生活，也就是意味着教师应该根据这些素材联系教学目标严谨而细致地组织文字材料进行加工再制造，以此来为教学活动服务，提供依据。

（二）教师要尊重学生的个性化

在情境体验教学活动中如何定位师生关系是非常重要的一个环节。只有确立了平等、互助、和谐的师生关系，才能激发学生更多更有创新思维的观点。情景体验教学中需要教师尊重学生的这些个性化的创意十足的观点，对待偏差的观点需要教师去矫正它，对待错误的需要教师去纠正它。教师不应该是简单的肯定或者是粗暴的否定，应该具体情况具体对待。

当然师生之间这种平等互动关系的建立，最终取决于教师自身的观念和素养。只要教师尊重学生、喜爱学生，学生必然会体验到学习的幸福感，也必然会感受到课堂的温度，和被他人尊重的价值感，这也正是情境体验教学的目的。

（三）注重对情境的剖析和内化

情境的创设为政治教学化抽象为具体，但是情境体验教学却不能流于浅显，不能只注重情境呈现，要启发学生在问题的引导下分析情境，内化知识情感，以有所生成。这样的情境探究方可达到高效学习，最能提高学生学习的热情和积极性。

（四）学生体验过程的评价真实化

情境体验教学通过教学过程中学生的学习领悟以及内化，并能用来指导学生自己的行为来解决现实问题，这是情境体验的最终环节也是最重要的环节。如果没有体验，学习就无从谈起，体验是学习的核心思考点，情境体验教学研究价值显而易见。

第六章　高中政治教学方法的有效运用策略

第一节　高中政治教学中案例教学法的有效运用

一、案例与案例教学法的界定

（一）案例

案例是案例教学的核心，案例是对生活中实际经历的一个典型事件的描述，很多素材、故事中的某一具体事例都可以作为案例被运用到课堂教学中，但并不是所有的素材、故事以及具体描述都可以作为案例，必须是实际经历中的情境。所以，案例是立足于教学目标，设置一个或多个问题情境，对生活中实际经历的一个典型事件的客观描述。

（二）案例教学法

案例教学法是指教育者在教育目标和课程标准的指导下，通过案例的描述和呈现设置教育情境和问题，引导学习者对情境问题进行自主讨论和分析，促进学习者获取处理问题和解决问题的能力，体现教育者和学习者、学习者之间的平等互动的一种教学方式。

案例教学法运用于思想政治课中的优势主要体现在案例真实情境在一定程度上还原了现实生活，学生在对案例素材的分析讨论中进一步强化和升华了实际经验，加强了对理论知识的理解和认识。

二、案例教学法的理论依据

（一）范例教学理论

范例教学法与案例教学法有一定相似的方面，也可作为案例教学的理论依据。范例教学是通过选取典型的事例进行教学，学生以此事例为学习模板提高学习迁移能力，主要目的在于引导学生自主学习、树立学生迁移意识、锻炼学生思维方式。

案例教学法与举例教学法的相同点包括：①教师常用的教学方式；②教学内容依据都是教学事例；③都是通过学习教学事例帮助学生理解理论知识为出发点。

案例教学法与举例教学法的不同点包括以下方面。

第一，两者在教学时机方面有差异。举例教学法更多针对于某个知识点的论证，案例教学法贯穿于教学的整个过程。

第二，两者在教学目的方面有差异。举例教学法是通过教学事例佐证某一抽象的理论概念、规则等，经常运用于具体、枯燥的理论知识讲解，通过摆事实、讲道理的方式简化理论知识，提高学生对问题的理解；案例教学法更注重强化学生综合思维和能力发展，引导学生在师生互动、生生交流中主动地融汇理论知识，此教学法更突出教学的实践性和学生的创造性。

第三，两者在教学主体有差异。举例教学法强调教师的主体地位，通过教师的讲解使学生理解知识，学生是作为客体被动接受知识的传授；案例教学法中教师以学生引导者或领路人的角色起着中介的作用，这要求教师掌握多方面的知识和综合能力，如筛选恰当的教学事例、有效把握学生案例交流和讨论节奏、机敏应对学生的各种提问等，通过师生共同参与课堂教学，激发学生主动性，使学生在分析问题、解决问题的过程中提升综合素质。

第四，两者的教学事例要求不同。举例教学法中的教学事例没有严格要求，而案例教学法的教学事例要求与时俱进、真实典型、具有启发性。

（二）建构主义理论

建构主义理论观点指出，知识的学习是运用一定情境作为学习资源和环境，学习者通过人际互动主动建构认知的过程，并不是通过教师讲解传授知识。所以学习者学习的效果不是回忆构建教师讲授的过程和内容，关键在于学习者能否正确并快速地理解知识，并建构知识框架，形成知识逻辑，加深知识理解。

建构主义的学习理论重视学习者的学习主动性和能动性，将学生看成是知识学习的构建者，教师的角色从简单的教学和育人中脱离出来，是学习者掌握知识的协助者、参与者。这些与案例教学法的教学过程是相同的，所以建构学习理论为案例教学法的理论研究和实践运用提供了一定指导。

（三）迁移理论

很多心理学家、教育学家通过实验、调查研究针对学习过程、学习方法等提出了很多理论，其中迁移学习理论的运用在知识获得的过程中使用较多，已成为当前教师课堂教学中一直强调的，且在教学过程中注重培养学生的迁移能力。而学习迁移理论具有一定代表性，其认为学习知识之间的迁移，关键在于能否有效提取两种知识间存在的本质特征或共通性。本质特征和非本质特征是相对而言，前者是从所学知识内在联系中提取出来的一般原理和规则等，而后者更侧重于所学知识具体内容具有的相似的表面特征，产生迁移的重要前提是本质特征和非本质特征两者之间是否有显著的共同性。

如果知识之间的共同因素是表面的，学习者能够较容易发现共通点并进行知识迁移，而学习之间的共通特征大都是具有隐蔽性的，学习者要不断提高自身的分析判断能力，才能更有效率地进行知识的迁移。所以，案例教学法很好的运用了学习迁移理论，被广泛地应用于各科教学中。同时，迁移理论运用于案例教学中，能够有效促进学生积极挖掘所学知识的共通性和相似性，增强理论指导实际生活的有效衔接，提高学生理解知识和联结知识的能力。所以案例教学法使迁移理论在实际运用中得到了很好的体现。

（四）发现学习理论

心理学家布鲁纳提出了发现学习理论，他认为学习本质的表现是学生主动构建认知结构的过程，是个体通过对过去事物的感知、认识和经验的总结归纳。发现学习是学生通过探究学习资料自主发现问题，运用头脑中的知识原理和架构来独立思考并解决问题的过程。记忆在学生发现学习过程中具有重要作用，学生通过独立思考、直观体验会有助于将提取的新知识纳入原有知识架构中，并进行重新整合。

案例教学法主要依托于发现学习理论，促进学生自主发现问题、独立解决问题能力的培养，重视学生对案例资料的挖掘和思考，加强学生保持新知识的方法，这有利于学生掌握高中思想政治理论原理和知识，提高学生对知识的迁移，增强学生学习兴趣和主动性，很大程度上便于学生综合能力的提高。

三、案例教学法的特征

道德与法治课案例教学的含义是：在教师的指导下，根据道德与法治课程教学目的和教学内容的需要，运用典型案例，将学生带入特定情境，深入角色，组织学生学习教材，分析案例，进行思想价值观引导，培养学生分析和解决实际问题能力的一种教学方法。“应厘清思政课案例教学法与其他学科案例教学法的本质区别，突出其政治导向性、思想教育性、现实针对性等主要特征。在坚持时代性、主体性、适度性等原则下，做到衔接共性、强化一体化意识、尊重个性发挥、实现梯度上升，以进一步提升思政课案例教学的有效性和针对性。”①

道德与法治课案例教学法在具体的实践中可以总结出以下特征。

① 顾娜丽．大中小学思政课案例教学法的实践路向探析［J］．山西青年职业学院学报，2022，35（01）：100.

（一）典型性

在道德与法治课的案例教学法中，案例的选择至关重要。这种教学方法旨在通过典型案例来引导学生探讨道德和法律的问题，培养他们的情感态度和价值观。因此，选取的案例必须具有鲜明的典型性，以确保教育效果的实现。

道德与法治课程的教育目标不仅仅是传递知识，更是塑造学生的道德观念和价值取向。这种教育在潜移默化中影响着学生的思想和行为，因此，选取的案例必须具备代表性和共鸣力。典型的案例能够反映社会现实中的道德和法律问题，使学生能够从案例中感受到道德困境、伦理冲突以及法律挑战，从而引发他们的情感共鸣和深刻思考。这些典型案例不仅应该具有真实性，还应该有一定的普适性，能够涵盖不同背景、文化和价值观的学生。通过案例的讨论和分析，学生可以从不同的角度思考问题，拓展他们的思维视野，培养跨文化的理解和尊重。

（二）情境性

案例教学法的基础在于以真实案例为支点，将抽象的理论知识与实际情境相结合，通过对具体案例的还原和再现，为学生创造出一种贴近实际的教学环境。在这个过程中，学生能够身临其境地感受和体验问题的发生背景、相关的社会背景以及各种可能的因素。这种情境性的教学方法旨在激发学生的学习兴趣，培养他们的问题解决能力和分析思维。

通过案例教学法，学生不仅能够理解抽象的理论概念，还能够将其应用于实际情境中。他们需要从案例中提取关键信息，分析问题的各个方面，权衡利弊，最终做出合理的判断和决策。这种过程不仅培养了学生的逻辑思维能力，还锻炼了他们的团队合作和沟通能力，因为案例通常需要学生在小组中合作讨论，分享不同的观点和解决方案。

另外，案例教学法也能够帮助学生将学到的知识与实际问题相联系，增强他们的学习动机和学科间的整合能力。这种情境性的学习体验可以激发学生的好奇心，引导他们主动探索，从而更深入地理解所学内容。

（三）互动性

案例教学法是一种旨在培养学生探究学习能力的教学方法，它的核心是通过深入的案例分析，激发学生的主动学习兴趣和能力。实际上，这种教学法的实施依赖于一系列小组活动，而在这些活动中，教师与学生之间，以及学生与学生之间的交流与合作起到了不可或缺的作用。

在案例教学中，教师不再是传统的知识灌输者，而是扮演着指导者和促进者的角色。

他们的任务是引导学生进行案例分析，激发学生思考问题的能力，帮助他们识别关键问题并找到解决方案。教师还可以提出引导性的问题，推动学生深入探讨案例，促使他们从不同角度思考问题。这种教师的引导能够激发学生的自主学习动机，培养他们的批判性思维和问题解决能力。

除了教师的引导，学生之间的小组活动也是案例教学的重要组成部分。学生可以在小组中共同分析案例，分享各自的观点和理解，共同思考问题，并合作解决难题。这种协作学习能够培养学生的团队合作和沟通能力，让他们从不同的角度受益，拓宽思维的边界。

通过小组活动，学生能够分享自己的见解，吸收他人的观点，从而加深对案例的理解。同时，也能够从不同的角度看待问题，培养学生的思辨能力和分析能力。学生之间的互动交流有助于打破思维的狭隘，促进知识的共享与融合。

（四）问题性

案例教学法的核心在于通过对案例的深入分析和探究来促使学生深刻理解和应用知识。在这个过程中，问题的提出和解决起着关键的作用。案例教学的有效性取决于选取的案例材料是否具有问题性，问题的发现和解决则是案例教学法的最终目标。

在案例教学中，选择具有问题性的案例非常重要。这些案例应该涉及现实生活中的真实问题，能够引发学生的好奇心和思考。问题性案例不仅能够激发学生的学习兴趣，还能够让他们在解决问题的过程中积极参与，从而更深入地理解案例所涉及的知识和情境。

问题的提出是案例教学的起点。通过针对案例中的关键问题展开讨论，学生可以逐步揭示出问题的本质和复杂性。问题的提出不仅能够激发学生的思考，还能够引导他们寻找合适的解决方案。在解决问题的过程中，学生需要运用已学知识、分析情境，并提出合理的建议或决策。这种问题解决的过程培养了学生的分析能力、判断能力和创造性思维。

最终，案例教学法的目的不仅仅是帮助学生掌握知识，更重要的是培养他们解决实际问题的能力。通过深入的案例分析和问题解决，学生能够将抽象的概念应用于实际情境，培养出适应复杂社会环境的能力和素质。

四、案例教学法在高中思想政治课中运用的意义

案例教学法因其能够提高学生多方面能力、增强学生学习有效性、有利于师生互动、提高教师专业素养等，被广泛应用到道德与法治课程上，并且带来了良好的教学效果。

（一）有利于提高学生多方面能力

在当前教育背景下，培养学生的综合素质和多方面技能已经变得比单纯追求高分更加

重要。传统的教育模式往往导致“高分低能”“不灵活”的问题，因此，引入案例教学法成为提升教育质量、培养学生综合能力的有效途径。

案例教学法的应用在于创造一个学习环境，使学生不仅能够有效学习知识，还能够在实际情境中锻炼各种能力。首先，在课堂中，通过对案例问题的讨论和分析，学生需要从多个角度思考问题，这能够提高他们的思维深度和广度。这种思维的训练有助于培养学生的批判性思维、逻辑思维和问题解决能力，使他们能够更好地应对日后的各种挑战。

另外，案例教学法能够激发学生的创新能力。在面对实际案例时，学生可能会产生新的思考、想法和解决方案。这种培养创新的过程不仅仅是对课本知识的简单应用，还涉及学生的思辨和创造，从而增强了他们的创造性思维和实践能力。

通过案例教学法中的小组讨论，学生能够与同学合作，共同解决问题。这种合作过程增强了学生的团队意识、协作能力和沟通能力。在现实社会中，团队合作和有效沟通是非常重要的能力，而案例教学为学生提供了锻炼这些能力的机会。

（二）有利于增强学生学习的有效性

1. 激发学生学习兴趣

学生对一门课程的兴趣程度直接影响着他们的学习动力和学习效果。为了激发学生对课程的兴趣，教师需要改变传统的教学方法，特别是在高度理论化的课程中，如何让学生喜欢并积极参与变得尤为关键。案例教学法在这方面具有很大的潜力。

在许多学生眼中，高度理论化的课程可能显得枯燥和难以理解，然而，通过引入案例教学法，可以改变这种状况。案例教学法通过引入实际案例，将抽象的理论知识联系到现实生活中的问题，从而激发学生的兴趣和好奇心。

在案例教学中，教师可以运用多媒体等教学辅助工具，优化案例的呈现方式。通过使用视频播放、图片、图表等形式，可以生动地呈现案例，使学生能够更加直观地理解问题的背景和情境。这种互动性的呈现方式能够吸引学生的注意力，让他们更容易投入到学习过程中。

案例教学法注重学生的参与和思考。通过引导学生分析案例、讨论问题，学生将逐渐成为学习的主体。这种主动参与的过程增强了学生的学习动力，使他们更加愿意去了解和探究课程内容。学生不再被动地接受知识，而是在思考和讨论中逐渐形成自己的见解和理解。

案例教学法能够增强学生的学习“主体感”和求知欲。他们将更加主动地探索知识，寻求问题的解决方案。这种主动性和积极性将有助于提高学生对课程的兴趣和投入度，从而改变他们对高度理论化课程的看法。

2. 有利于理论联系实际

高中生对于一些抽象的理论知识并不能很好的掌握，单纯的讲解并不能达到很好的效果。“通过案例教学法使理论与生活实际之间建立起来的联系，是一种经过一系列思维活动后而形成的一种‘强联系’，能够使学生在很长一段时间内都印象深刻。”①

除此之外，将理论知识与实际相联系，还能够让学生加以运用，不只是着眼于书本，而是落实到行动中。总而言之，将理论联系实际能够让学生“知识记得更牢、行动落实得更好”，增强了学习的有效性。

3. 有助于师生、生生互动

在案例教学中，互动是非常重要的一种方式。互动式教学不同于传统教学模式，不是照本宣科，而是将学生放于主体，还在进行教学设计时加入热点实例，激发学生兴趣，借助多媒体以及配合其他教学方式提高学生的学习积极性，在教学情境互动中确保课堂趣味性，从而增强学生对教师的信任感，进而发自内心地想学。案例教学对于增加师生互动以及拉近师生关系方面是有帮助的，不仅是师生之间，学生之间也在小组讨论中增加了互动，拉近了关系，这也形成一种良好的学习氛围。

4. 有利于提高教师专业素养

要想把这种方法运用好并不是一件简单的事情，这需要授课教师付出很多的心力以及有较高的专业素养和综合素质。

（1）在备课过程中，要精选案例，案例的选取不仅要紧扣书本知识，还要贴近学生的生活，还要考虑案例本身有没有教育意义、有没有时代性、是不是学生认知范围内的等问题，同时在备课这一过程中，教师也能够接触到很多课外知识。此外，为了能够筛选出适合的案例，教师也要多方面衡量，配以相应的教学手段、开展相应的教学活动来进行教学设计。

（2）对于问题的设置要恰当，既不能太难，让学生不知如何回答；也不能太简单，使提问流于形式。课堂上，要客观全面地评价学生的答案，引导回答不出问题的学生，也要考虑分组情况，照顾到每个学生。因此，教师采用的案例教学法是对教师各种能力的一种考查，它在一定程度上提高了教师的各方面能力。

（三）有助于贴合新课程改革要求

新课程标准提出，高中思想政治课要以案例为载体进行教学，其中教学目标的实现和

① 陈炜琦 . 案例教学法在初中道德与法治课中的运用探索［J］. 法制博览，2020（1）：230.

教学内容的实施均依托于案例素材，这也是案例教学法的基本特点和根本所在。相对于依托课本内容单一传授理论知识的传统教学模式，案例教学通过案例呈现、学生探究活动来实现教学目标，而高中思想政治课要传递的思想理论和价值指引往往是通过案例素材展现出来，在引导学生进行讨论和探究的过程中潜移默化地影响学生的价值取向、引领学生的思想意识，实现铸魂育人的最终目的，完成立德树人的根本任务，这在一定程度上为新课程改革提供了实践教学经验。

在传统高中思想政治课堂中，教师和学生之间的关系更侧重于教师指向学生进行的单向传授知识行为，教师主导整个课堂教学，学生被动配合教师的教学活动，这并没有完全展现出师生之间的平等性互动关系。随着教学改革的进行，新课程理念强调尊重学生身心发展规律，改进教学方式。案例教学法以案例启发学生主动思考和探究，引导学生学会学习，完善知识构架，掌握理论知识有效运用于生活实际的规律，这在一定程度上不仅提高了学生综合能力，而且体现了教师的主导性和学生的主体性，这符合新课程标准改革的要求。

（四）有助于增强课程的教学效果

1. 有助于实现教师的教学目标

随着改革的深入进行，教学制度和教学理念逐渐侧重于培育学生的综合能力和核心素养，引导学生学会学习、学会思考。案例教学法是在课程改革的要求下应运而生，它在促进师生互动、学生互动、培育思想政治核心素养中具有重要作用，通过案例展示令学生感慨的中国革命和建设历程、令学生感兴趣的经济知识、令学生神往的优秀传统文化、令学生警醒的法制知识、令学生深思的哲学知识，这在很大程度上能引发学生进行深入探索和思考的欲望，激起学生运用日常经济知识解决生活困惑，引导学生积极纠正错误的价值观和政治意识，动员学生投身于中国优秀文化的传承与创新过程中，这些都与培育学生学科核心素养相契合。同时，案例教学的过程有助于增加学生参与课堂教学活动的频率，营造课堂氛围提高了学生参与案例探究的主动性，这有助于教师引导学生进行学科核心素养的培养。

2. 有助于提升学生的课堂参与度

在课堂教学过程中，政治课教师为学生提供了开放温馨的交流氛围和平台。在课前收集材料阶段，鼓励学生独立完成或小组完成所布置的任务，提前了解并熟悉所要学习的知识点；在案例探究活动中，学生可以放心地在班级小组内畅所欲言，进行思想的碰撞，享受头脑风暴式的思维冲击，提升自己的思维辨析能力，即使学生因知识储备不足而表达不充分，政治课教师也会给予支持和鼓励，吸引更多学生投入案例谈论和探究的氛围中，促使学生更主动地分享自己的见解和观点，而在分享的过程中体会学习知识和获得知识的快乐。

五、案例教学法在高中思想政治课中运用的实施策略

案例教学法如何有效运用于高中思想政治课中的问题应注意以下几方面，在建构案例资源库，丰富课程教育教学素材，便于拓宽政治课教师选择案例的渠道；政治课教师在选取、分析案例的时候重视案例的育人功能，坚持以学生为本；政治课教师也要科学、正确地认识到案例教学法重要性，更新教育理念，加强对案例教学价值的认识；政治课教师不仅要在意识层面认识案例教学法，更要提升案例教学的能力，通过案例和议题、活动的结合打造活动型学科课程；同时，要重视采用科学的评价标准，强化案例的教学效果。

（一）建构案例资源库，拓展课程教育教学素材

案例教学法的基础是对案例素材的挖掘和开发，在符合教学标准和目标的基础上，政治课教师要对案例素材资源进行开发和建构，可以通过拓展案例建构主体、拓宽案例素材渠道、优化高质量案例资源，做好案例教学法的教学案例准备工作，为有效在课堂中运用案例教学法奠定良好基础。

1. 拓展案例建构主体，激励学生积极参与

案例素材的整理和挖掘主体主要是政治课教师，但在案例教学法的运用过程中应积极调动学生参与进来，协助教师收集部分与授课内容相关的案例素材，配合教师完成案例资源开发的部分任务，对此，既锻炼了学生的收集资料、整理资料的能力，也有助于增强学生的实际操作能力。所以，案例开发不仅需要教师花费时间和精力，更要发挥学生的主体作用。

2. 拓宽案例素材渠道，融合各种平台资源

案例资源库的建设不仅便于政治课教师充分运用科学技术的快捷搜索手段、共享资源的方式拓宽案例素材的收集整理渠道，而且有利于政治课教师实时分享教学成果、传递优化的案例素材。

（1）案例资源库的素材来源可以通过多种途径获得，如对于社会时事热点的案例，政治课教师可以通过报刊、书籍等查阅时事热点事件，也可以通过网络图片、视频展示等收集资料，之后教师将收集到的资料进行分析归纳，挖掘素材资源，整理成与教学内容相契合的案例内容。

（2）教师也可以通过特定的 App 软件，寻求逻辑性、连贯性的案例素材。

（二）坚持以生为本，发挥案例教学法的育人功能

坚持以生为本就是将重视学生、理解学生、尊重学生、爱护学生贯穿于教育教学的全过程，通过挖掘学生的潜力、培养学生自尊自信自强的意识促进学生不断发展和完善自身综合能力。思想政治课案例教学立足于学生角度进行教学设计、组织探究活动，学生在参与案例素材的学习和探究中潜移默化地受到案例素材所蕴含的教育因素的影响，正向的案例素材蕴含着积极的影响力，负向的案例素材则裹挟着消极的影响力。因此，学生通过参与案例分析探究活动不仅能汲取所学知识，也能从案例素材中领会如何学习、如何做人、如何处事的方法，学生只有积极主动参与探究活动中才能有助于发挥案例的育人功能。

1. 坚持正确价值导向，发挥案例教学法的思想引领

新课程标准指出，高中思想政治课要落实立德树人根本任务，全面加强爱国主义、集体主义、社会主义教育。通过展示我国政治、经济、文化等方面的典型事例，引导学生关心社会发展和人民生活情况，有意识地将自身发展与国家强大联系起来，运用马克思主义中国化最新成果思想，有助于增强学生的民族自豪感和爱国情怀。

案例的思想引领性主要体现在案例素材中所蕴含的价值意义。依托于案例素材的思想引领，学生能立足于正确的视角剖析事件本质，拓宽眼界和境界，辩证地领会和运用所学理论知识，在对社会制度和国家政策充分了解后，进一步协助学生纠正偏离的思想方向，引领学生修正自身价值取向，形成正确的人生观和价值观。

2. 培养主动探究精神，挖掘案例教学法的潜在意义

高中思想政治课中案例素材是具有隐藏性的，案例探究是开放性的，有些案例素材的探究结果并不是唯一答案，而是有多种可能，这就需要学生发挥自身主动性和探究精神，深入挖掘案例素材本身的寓意。而在传统的思想政治课堂中，教师和学生之间的关系更侧重于教师指向学生进行的单向传授知识行为，教师主导整个课堂教学，学生被动配合教师的教学活动，这并没有完全展现出师生之间的平等性互动关系。随着教育改革的进行，新课程理念强调，尊重学生身心发展规律，改进教学方式。高中思想政治课教师与学生之间、学生与学生之间平等互动不断增强，而案例教学过程中，教师引导学生进行案例探究活动，学生之间协同合作进行案例分析和探讨，学生不断进行学习反馈行为，这个过程就是师生、生生平等互动的过程。

发挥学生探究学习的主动性是以学生为主体的重要表现，这也是区别于传统教学的主要特征。在案例教学中案例的学习和思考需要发挥学生的自主性和参与性，政治课教师要

改变传统的教学方式，应有意识地引导学生主动学习、独立思考，所以，教师在教学过程中应减少讲授时间，留给学生更多时间去思考、分析和讨论，鼓励学生在课前提前预习内容知识、查阅相关案例资料，加强学生对学习内容的理解和获取。

3. 体验生活真实情境，增强案例教学法的情感传递

案例素材主要提取于社会实践问题或实际生活中的真实事件，学生虽然没有亲身经历过这些社会实践过程，但可以体验案例素材传递的生活真实事件所蕴含的情感，学生在理解案例内容和感受案例情感的过程中有助于学生在联系已有知识和生活经验的基础上，进行辨析并做出自己的评判。同时，图文、视频等形式的案例素材有助于进一步增强学生的直观感受和情感体验，使学生不仅能体会到高中思想政治理论知识不再是枯燥而晦涩的，而是生活性的直观知识，更能促进学生体验案例素材中所蕴含的价值和情感，这在一定程度上激发了学生学习思想政治课的热情，提高了学习兴趣。

4. 形成自主学习观念，发挥案例教学法的育人功能

科学、明确的学习目标有助于学生具有较强的目的性，便于集中注意力投入学习并达到良好的学习效果。学生树立明确、具体的学习目标是非常重要的，如果学生缺乏明确、具体的学习目标，就会处于被动、消极的学习状态，并不利于发挥教学育人作用。同时，学生由于长期处于传统、被动的接受学习而形成了依赖教师、不独立思考的不良学习观念和习惯，所以政治课教师要重视以学生为本，引导学生形成自主的学习观念和学习习惯，有效发挥案例的育人功能。

其中，案例素材选取、呈现、分析和总结过程也是通过师生交流、学生间合作而不断增强学生的主动性和独立自主性的过程，政治课教师应通过鼓励学生自主完成学习准备任务、引导学生在案例探究中自主建构知识、加强学生自己总结和评价等方式，不断引导学生树立自主学习意识，促进学生寻找到适合自己的学习方式，提高学生学习效率，为帮助学生养成自主思考的良好学习习惯提供条件和便利。同时，在学生面临困难、难以解决的案例情境时，有时会因害怕出错而不敢自己分析、解决问题，课教师应帮助学生树立自信心，而不是让学生遇到难题不经过自己思考就依赖他人或寻找编辑好的答案。即使学生做错了，教师不应一味褒奖学生，而应实事求是地、中肯地评价学生，针对学生的不足进行指正，督促学生自主学习和思考，养成自主学习的良好习惯。

（三）更新教育理念，强化对案例教学价值的认识

教育理念是对教育方式或教育方法的观点和态度，主要体现于教育教学实践过程中，并对教育者和受教育者的关系或对受教育者的学习行为产生指导性作用。所以，高中政治

课教师要实现立德树人的目标，就要摒弃“唯分数论”的教育理念，更新教育理念，提高政治课教师的专业素养，促进政治课教师以专业的教学理念引领对案例教学价值的认识和体验，通过树立终身学习理念，增强对案例教学的全面认识；引领生态和谐理念，营造案例教学知识架构；立足与时俱进理念，拓宽案例教学知识架构；坚持分享交流理念，汇聚案例教学效果经验。

1. 树立终身学习理念，强化对案例教学的全面认识

政治课教师对案例教学法的认识和了解程度直接决定了案例课堂教学的效果，也会影响学生对案例教学的态度和看法。政治课教师只有在对案例教学法全面认识和了解的基础上才能使运用效果达到得心应手的程度，若教师不完全清楚案例教学法的运用，则无法发挥它真正的价值和功能。特别是对于新任政治课教师或者不常运用案例教学法的教师们来说，他们可能对案例教学法有一定认识，但由于实践经验不足而不能做到熟练、有效地使用案例教学法进行授课，这需要教师加强新的系统知识的学习，在积累一定系统知识的基础上，教师可以自己进行案例教学设计，通过不断观摩案例教学优秀教师示范课程，逐渐将头脑中的理论知识或认知经验转变为可操作性的教育教学行为，在自我演练的过程中不断发现问题并逐渐完善教学设计。

所以，政治课教师要树立终身学习的理念，加强对案例教学的全面认识和了解，同时教师也要一分为二地看待案例教学法的运用。

（1）政治课教师要认识到案例教学法的运用不只是为了培养学生的合作互助、言语表达等综合能力，还要注意它在信息传递、知识传播和价值传导等方面的功能，否则案例教学法只会流于形式，不会发挥其真正效果。

（2）政治课教师不仅要认识到案例教学法的局限性，也要了解到它的不足之处，因为一些思想政治知识并不都适合使用案例教学法，只有选取恰当的教学方法才能有效地达到教学效果。虽然案例教学法具有良好的优势，但也要以科学的态度对待它，做到取长补短，避免对案例教学法运用的盲目推崇。

（3）政治课教师要在准确把握案例选取、呈现、分析和总结的过程及原则的基础上，提高对案例教学法的整体认识和运用，做到将案例教学与教学内容和学生发展需求相契合。

2. 引领生态和谐理念，营造案例教学和谐氛围

生态和谐理念主张教育教学是一个有机的动态过程，教师、学生、教学内容和课堂环境等因素和谐统一、协同互动，形成融洽的育人氛围，做到教学育人、服务育人和环境育人，营造促进学生健康和谐发展的最佳生态区。而案例教学过程既是引导学生学习科学知识的过程，也是营造师生之间、生生之间融洽氛围的重要途径。所以，政治课教师要有效

发挥案例教学的价值就要提高学生参与案例探究活动的主动性和热情，引导学生意识到协同合作的重要性，因为在案例讨论、分析和总结的过程中一个人的知识储备和精力是有限的，只有汇聚大家的智慧和力量才能提高案例探究活动的效率、确保案例教学的效果。

同时，教师也要为学生营造协同合作的氛围，布置合作任务，督促合作行为。在课前学生需要完成布置的各种任务，需要学生明确自己在小组中的任务分工，准备课堂学习的知识内容和材料，为课堂探究活动中小组讨论创造条件。在课堂教学过程中，政治课教师为学生提供了开放温馨的交流氛围和平台，学生可以放心地在班级小组内畅所欲言，进行思想的碰撞，享受头脑风暴式的思维冲击，提升自己的思维辨析能力，即使学生因知识储备不足表达不充分，政治课教师也应给予支持和鼓励，在案例谈论和探究氛围中，学生会更主动地分享自己的见解和观点。

教师要在讨论过程中起到引导作用，督促小组全员参与，引导学生小组内合作，培养学生养成合作习惯。教师设置问题，通过学生小组讨论后，小组代表经过整理后进行回答，在讨论过程中使学生感受到小组合作的优势，便于学生增强参与意识和热情，提高综合能力，便于在和谐融洽的课堂氛围中发挥案例教学的价值。

3. 立足与时俱进理念，拓展案例教学知识架构

对于接受新生事物比较快的高中生来说，他们的思想观念因时代的发展和进步而变化，政治课教师也要立足发展的观点引导学生成长，只有这样，教师的知识体系和架构才会不断更新、与时俱进。

（1）教师要重新审视师生间的民主、平等关系，能有意识地以平等的态度关爱学生、以真诚的态度进行交流，教师要以自身言行作为学生学习的榜样。

（2）教师要重新明晰思想政治课培养目标和理念的变化，对学生的培养不再是单一的知识讲授，而是对学科核心素养的关注，通过对思政相关知识的学习引导学生树立政治认同感、培育科学精神和法治意识，促使学生乐于参与并融入公共生活中，加强实践体验。

（3）教师要重新评判学生的课外知识储备，因为当代中学生对信息的接收和处理能力不断发展、强化，教师应以发展的眼光来看待他们，以发展的多样化的教学方式来锻炼学生的综合能力。教师在引导学生了解课外知识的前提是必须自身对课外知识比较熟悉，力求对所有案例素材的内容做到烂熟于心。

4. 坚持开放共享理念，融汇案例教学效果经验

政治课教师对案例教学的经验交流涉及到案例教学各个阶段，因为他们在案例教学各个阶段都付出了时间和精力。在案例教学前期准备阶段，教师要依据学情和培养计划制定出合理的教学目标、收集整理好恰当的案例素材、设计出合适的教学方案；在教学案例运

用阶段，教师要运用学生感兴趣的方式进行案例导入，设置衔接有序的问题引导学生主动参与案例分析，运用教学机制评价学生案例分析结果，详细总结学生案例探究过程；在案例教学反思阶段，教师应对自己课堂教学过程进行反思，强化教学效果优势，弥补教学不足。

政治课教师间的交流学习有助于强化教育教学效果，在交流过程中，能够了解不同学生、不同班级对案例教学运用的不同反应，也能从其他政治课教师教育机智行为中学习到有效的应对方法，特别是在出现共性的问题时能够集合所有政治课教师的教学智慧，之后，结合自身班级实际情况有选择地将其运用于自己的课堂教学中。对此，高中思政课教师可以通过建立 QQ、微信等交流渠道构建开放共享的讨论平台，运用科学技术实时地在这些平台中提出案例教学中遇到的困难和疑惑，在集思广益中寻找到恰当的解决方法。所以，加强教师对案例教学经验的共享和交流不仅能提高自身的教学质量，也能便于教师进行有效反思和总结，获得有效的案例教学经验，强化案例教学效果，高中政治课教师更要运用好此开放共享交流平台，加深对案例教学价值的认识，增强对案例教学方法的运用。

（四）提升案例教学能力，打造活动型学科课程

政治课教师是案例教学能力与教学效果的好坏直接挂钩，在新课程标准中，高中思想政治课理念是构建以培育思想政治学科核心素养为主导的活动型学科课程。虽然高中思想政治课的德育功能比较突出，但更强调综合性发展，所以高中思想政治课的最终目标是将学生培养成德才兼备的时代担当者。案例教学法正是为此目标而服务的，因为在进行案例选择过程中是依据思想政治课的德育要求，学生在不知不觉中受到熏陶；在学生进行案例探究活动中，学生不仅获取了相关知识，而且锻炼了自己的辩证思维能力，同时在进行问题阐述和交流的过程中提升了言语表达能力、增强了同伴间的协同合作和情感交流。在案例教学过程中，教师要有意识地将案例与议题、活动相结合，打造活动型学科课程。

1. 将案例与议题相结合

新课程标准中指出，活动型课程的实施效果很大程度上取决于教学设计的序列性和可操作性，而教学设计的好坏关键在于活动议题的设计，而议题是既包含学科课程的具体内容，又展示价值判断的基本观点；既具有开放性、引领性，又体现教学重点、针对学习难点。议题式教学是基于子议题所具有的争议性，教师在思想政治课堂教学中引导学生围绕这些具有争议的问题进行分析辩论，通过讨论总结出解决问题的方法和途径。议题式教学与案例教学法的结合有助于学生真正将知识内容内化于心，增强学生的政治认同素养。

将案例与议题相结合，就是要充分发挥案例与议题的优势，遵循教材与生活议题相结

合、正面引导与情感激励相统一、情境创设与问题梯度相协调的原则，使高中思想政治课由传统的灌输式教学方式变为符合学生身心发展的活动型教学。

2. 将案例与活动相结合

高中思想政治课学科内容的教学与社会实践活动相结合，是活动型学科课程的显著特点，课程改革新理念更强调课程学习的实践性和运用价值，学生不是只坐在教室中参与思想政治课教学，而要走出课堂进行社会调查、参观体验、专题访谈等，通过这些实践活动拓宽学生学习视野、体验真实情境、获取更多生活经验。而案例教学中选取的案例素材内容具有真实性特点，主要提取于社会实践问题或实际生活过程中的真实事件，学生虽然没有亲身经历过这些社会实践过程，但他们可以通过投身于案例素材的讨论探究、角色扮演的方式，在联系已有知识和生活经验的基础上，进行辨析后做出自己的评判，这能帮助学生进一步理解知识，同时在行为习惯及情感态度方面发生变化，进而突破教学重难点。

将案例与活动相结合就是要发挥两者的优势，学生在活动中可以充分调动视、听、触等多种感官协同参与学习获取知识，这可以很大程度上增强学生浓厚的参与兴趣，引发学生激昂、饱满的情绪体验，促进学生积极思维、丰富感知体验，为学生提供充分发散思维及想象的环境氛围，培养其探究意识和能力，显著增强教学效果。

同时，高中政治课教师可以组织学生参加诸如社会调研、志愿服务等活动，通过强化学生对实际活动的切身体验加强对理论知识的理解。案例与活动相结合是以认知活动为突破口，为学生创设良好的课堂气氛，将外显行为活动与思维内化活动相结合，改变过去一贯让学生被动参与的地位，促进知情意和谐发展。但需要注意的是看视频、听音乐、看图片并不是活动教学，常用的活动教学更多是指设计游戏、演讲比赛、知识竞赛、表演、辩论赛等，学生在参加活动的同时能直观得到情感上的体验，并在活动中激发学生兴趣。

（五）采用科学的评价标准，强化案例教学效果

教学评价是检验政治课教师教学效果的一种重要的方式，也是对学生案例探究活动和学习表现的重要反馈，可以帮助学生了解自身学习状态和知识掌握情况，但在教学评价中要注意即时性、过程性和肯定性，通过采用科学的评价标准强化思想政治课案例教学的效果。

1. 注重教学评价的即时性

教学评价的即时性是指在教学过程中，教师针对学生的表现及时、迅速地给予反馈，能够加深学生的认识，激励学生的积极性。对于表现良好的学生给予肯定评价，既会直接强化积极参与学生的自信心，调动学习氛围，又会对其他学生进行间接强化，鼓励他们积

极参与。对于表现有差错的学生要及时进行纠正，这会帮助学生及时认识错误、改正错误。所以，教师对学生的即时评价会强化学生的积极行为，弱化学生的不良行为，不仅有助于学生掌握知识，而且促进学生获得积极情感体验。

2. 重视教学评价的过程性

学生表现不仅要进行定性评价，还要进行定量评价，教学评价的过程性是对学生表现情况进行综合评价的一种方式，这种评价方式更综合、全面、具体，能够展现出学生在课堂和课下整体的表现，降低教师对学生评价的片面性。例如，案例教学过程中，政治课教师要从课前案例资料收集情况、课堂讨论积极性、课后作业完成程度等方面进行综合评价，不仅要考虑到个人表现，还有小组整体表现等情况，对此，教师要及时量化评价标准，制作量化表格，及时整理记录。同时，针对量化结果对表现优秀的个人和小组进行一定的激励和奖励，树立学生榜样，强化学生良好行为表现，调动学生学习政治课的积极性。

3. 增强教学评价的肯定性

教师要对学生的能力发展给予肯定性评价，如学生的语言表达准确到位、重点突出、言语流畅等，或者学生对案例素材资源的整理能力、感应时代潮流趋势的观察力、发现其他人没有注意到的问题等能力，这些情况教师都要给予鼓励和肯定。即使学生的回答并不全面，教师也应从鼓励的角度对学习进行肯定性的评价，从中发掘学生的优点，如给予“你的见解很独到”等的肯定性评价，这有利于激发学生参与课堂的积极性，促进学生发展和成长。若总是给予学生否定、质疑的评价，会挫伤学生的自尊心和自信心，对学生后期的学习和心理都会造成一定程度的消极影响。

第二节　高中政治教学中问题教学法的有效运用

一、问题教学法的界定和基本特征

（一）问题教学法的界定

问题教学法的实质就是要遵循教育对象创造性思维活动的逻辑规律，在问题情境中，学生能够通过学习问题情境中的科学知识，分析问题情境，在对问题的探索中形成分析问题和解决问题的能力以及自主学习的能力。问题教学法是通过设置问题情境，设计和提出问题，并解决问题的教学，是教师针对学生在生活、活动中遇到的困难、提出的问题，帮助他们分析问题，寻求假设，进行实验，以求解决问题的方法。

高中思想政治课中的问题教学法是指，在进行思想政治课讲授时，思想政治课教师要通过创设相应的课程教学情境，在高中生现有的知识水平基础上，结合教材知识与高中生生活实际，通过创设吸引学生的问题情境后提出问题，引导学生发现、提出思想政治课程中的问题，并且找到解决问题的方法，同时在探索求知的过程中提升学生的自学能力，培养学生的社会主义核心价值观，不断形成适应社会的核心素养，最后实现智育与德育的统一，学生智力因素与非智力因素的统一。

（二）问题教学法的基本特征

问题教学法相对于一些传统的教学方法来说，具有十分符合时代要求的教学法特点，是激发学生学习内在动力的重要手段。

1. 开放性

问题教学法的开放性是贯穿教学过程始终的。教师在设置问题情境和设计问题时，可以在学生现有知识基础上结合过去、现在甚至未来，还可以综合除了思想政治学科以外任何学科的知识。学习过程除了在课堂内，还可以扩展至社会生活中，教师将课内与课外相结合，利用课外的各项资源，使学生在实践中获得知识，学生可以通过讨论、观察、研究的方式，个人研究后再进行小组合作交流，使得解决问题的方式也具有开放性。运用问题教学法时，教师设计开放性的问题，学生可以畅所欲言，不需要想方设法地贴近标准答案，从而培养学生的发散思维。教师对学生的评价也是具有开放性的，教师要坚持多元化取向，鼓励学生并培养其批判性精神。

2. 自主性

传统的教学方法中，教师在课堂中向学生传授知识时，学生并没有时间和机会进行思考，只是一味地机械地接受，从而使学生在课堂中一直处于被动的状态。相对于传统的课堂教学，运用问题教学法的课堂中，不仅教师具有话语权，学生发表想法和质疑的权利也得到保障，并且更加注重教师与学生之间的相互交流，以及学生之间的学习交流，学生是主体，而教师更像是辅助者、指导者。教师为学生创设情境，指导学生发现、分析和解决问题，在这一过程中，学生感受到主体地位得到提升，便敢于发问并自主地参与到问题探究当中，不断地发挥主观能动性，从而使学生的问题意识得到提升，自主学习意识和能力也逐渐加强，学生能够在遇到学习问题时，自主地查阅资料，通过询问长辈、查阅书籍、上网搜索等方式，主动地探寻解决问题的方法。问题教学法的运用促进学生的批判精神和问题意识的形成，使学生在课堂中的主体地位得以体现。

二、高中思想政治课问题教学法的应用策略

“随着教育改革的进行，高中思想政治教学也发生了很大的变化，将问题教学法运用到高中思想政治教学中去，能够帮助学生更好地关注现实中存在的问题，将理论和问题更好地结合在一起，推动课堂教学更好地进行。”①

（一）更新教师观念，转化教师角色

教师的教学观念是影响着问题教学法在高中思想政治课中运用的效果的，教师必须全面理解自己的角色定位，扮演好相应的角色。

第一，教师应做学生学习的引导者和促进者。由于高中生的知识储备薄弱、生活经验不足，部分学生会因为教师的权威性，或者担心受到同学的嘲笑，往往提出较浅薄的问题甚至不敢提出问题。传统的教育观念中，教师一直处于课堂的中心位置，教师应该摒弃传统的教育理念，树立师生平等的观念。教师应该有耐心地激励学生勇敢地质疑，积极地参与课堂，并为学生多提供独立思考、发表见解的时间和机会，提升学生对高中思想政治课的积极性。作为思想政治教育者，该阶段对高中生形成正确的世界观、人生观、价值观起着非常重要的作用，教师应利用问题引导学生沿着正确的方向发现、提出并解决问题，帮助学生从课堂走向生活，从认识到实践，提升学生解决问题的能力。

第二，教师应扮好研究者的角色，部分教师认为研究者是投身于教育研究、论文写作或者课题研究中，却忽视了学生和一线教学，然而教师的研究还包括对学生、对课程、对班级性质等方面的研究。教师的任务不仅仅是向学生传授知识，完成教学任务，教师还要通过教学实践进行研究，能够根据不同的课程、不同的学生、不同的教材因材施教，去研究如何根据现实情况合理设计问题，将问题教学法更有效地运用到高中政治课堂中。

第三，教师还具有学习者的角色，要做终身学习的实践者。问题教学法对教师的知识储备具有较高的要求，现代科技的发展使信息传播又快又广，学生获取知识的渠道也越来越多，高中思想政治教师必须时刻关注国家大事、国际大事，还要关注学生关心的事情，不能与学生完全脱轨。并且，教师应掌握政治相关学科的知识，如历史、语文和英语等学科，促进学生知识体系的建构。教师将问题教学法应用在高中思想政治课中，在创设问题情境和设计问题时，需要利用自身的知识储备来进行教学设计，不仅要增加问题设计的有效性，还要能够激发学生的学习热情。

总之，问题教学法作为符合新课程改革要求的一种教学法，必须高中思想政治教师转变教学观念，摒弃传统理念，转变教师角色，从而提升问题教学法在高中思想政治课中的

① 何文珍．问题教学法在高中思想政治教学中的运用策略分析［J］．考试周刊，2021（8）：139.

实施效果。

（二）增加知识积累，善于发现问题

运用问题教学法的高中思想政治课注重发挥学生的主体地位，学生的现有知识水平、解决问题的能力以及善于发现问题的能力是影响问题教学法实施效果的重要因素。目前大部分学生在课堂中存在“不会参与”的现象，这与学生自身的知识储备和生活经历有一定的关系，因此提升学生发现问题的能力，拓宽学生的视野，增加学生的知识储备显得尤为重要。

第一，增加阅读量，使学生会问。部分学生受科技和网络的影响，对书籍的知识掌握得越来越少，认为学习只要完成教师和学校布置的任务就可以了，很少利用课余时间进行阅读。教师应该引导学生在保证完成正常的学习任务的基础上，增加阅读量。作为高中思想政治课教师，应该引导学生利用课余时间，多了解时事政治和国家大事，关于国家的方针、政策等都能相应的了解和掌握，并且教师要引导学生能够博览群书，多学习各领域各学科的知识，来拓宽自己的视野。另外，教师要培养学生的阅读习惯，对于那些对阅读不感兴趣的学生，可以为学生布置好阅读任务，根据阅读的内容提交读后感，久而久之学生也就养成了读书的习惯。

学生增加了阅读量，也丰富了自己的知识体系，阅读过程中会接受众多信息，头脑里有知识储备后，学生逐渐地就会主动发现问题。

第二，利用多媒体渠道。教师应该利用好多媒体，为学生提供更多学习的方法。为了使学生能够更方便地了解时事政治，可以利用微博、微信公众号等，提供学生一些利于学习的官方账号，类似“人民日报”“央视新闻”“今日头条”等等；教师也可以为学生收集一些社会热点或时政新闻，利用学校的多媒体设备，在课前或自习课抽出 5 分钟左右的时间，帮助学生学习；除了时事政治，教师还可以讲述学生感兴趣的娱乐新闻、奇闻轶事，同时请学生运用政治知识来分析问题，使学生增长知识的同时强化了理论知识。

总之，帮助学生增加了知识的积累，提升了学生学习高中思想政治的自信心，当学生能够产生疑问，发现了问题，才能够积极地参与到问题教学法的课堂中来，解决了学生“不会参与”的现象，也增强了学生对知识的理解，真正做到活学活用。

第三节　高中政治教学中情境教学法的有效运用

一、情境教学法的解读

（一）情境教学法的界定

情境指的是教学情境、教学环境，就是教师为了教学内容，通过精心设计出来的具体场景，这些场景可以让学生得到一定的情感体验，加深对教材内容的理解，从而达到对所学知识的认同。在教学中，情境可以是学生实际经历过，通过在课堂上再次呈现，引发学生情感体验，促进学生对知识的理解，取得优良的教学效果。

情境教学法就是教师从情与境、词与理全面发展的教学关系出发，把学生的情感和认知活动结合在一起的教学模式。这种教学模式能够通过创设情境，激起学生的课堂参与热情，达到情感与认知的结合。具体来说，情境教学法是指在教学过程中，为了达到一定的教学目标，创设与教学内容相适应的情境，增强学生的情感体验，激发学生热情，从而提升课堂教学效果的一种教学方法。情境教学要依靠“情”，要用真情实感来激发学生的情感体验，一旦学生的认知活动伴随着情感，那么教学过程就会变成学生主动发展的过程。教学既要以自身的真情实感来激发学生的情感，又要综合运用影响学生情感的各种手段，促进学生将既有情感和新的情感的有机结合。情境教学是把学生放在主体地位，以他们的感性认识为中心，在教学过程中注重学生的情感体验，重视课堂的情感性与体验性，关注学生的认知以及成长需求。

情境教学，就是根据学生的认知和发展特点，依据课标要求和教材内容，依托现代化多媒体设备，利用创设情境去呈现具体的教学内容，重视学生的情感体验，让他们在真实的情境中提高认知，主动建构知识。

情境教学法是建立在情与境，情与理相互交融的一种教学方法，与传统的教学方法相比较，情境教学具有生动形象性，在教学过程中通过结合语言、图片、影像等手段让学生融入情境，激发学生情感，调动学习积极性，并且引发学生思考生活。为切实发挥道德与法治课堂的最大价值，很多教师开始探索课堂生活化教学的可行性与具体路径，并取得了较好的成效，在提升学生课堂学习积极性的同时，降低了其学习难度，使其对系列道德与法治知识有了更深层次的理解，同时也有利于学生建立正确的道德与法治观念，促进其健康成长。

在实施情境教学时，教师要熟悉课标与教材，分析每项教学内容所要让学生达到的目标，根据具体的教学内容，教师选取贴近学生生活实际的情境，有针对性地创设教学情境，完成教学目标，促进学生的成长。

（二）情境教学法的特征

1. 注重学生情感的体验性

情境教学法重视情感的作用，讲究在活动的过程中体验到真实的情感，将认知与情感相结合，促进学生深刻的情感体验，从而促进学生主动积极地学习。当学生投入到教师创设的教学情境中，能带给学生一定的情感体验，引发他们思想情感上的共鸣。从而在学生真实的体验中，更容易提高学生对这些情境的认知，增强学生们的感知能力，帮助学生全身心地投入到教学中来。

情境教学过程中，不仅要让学生接受知识，还要达到情感认同。只有让学生在情境中获得一定的情感体验，引发情感上的共鸣，这种体验才会内化，产生深刻的印象。情境教学法强调尊重学生的真实情感，尊重他们的情感体验。把学生的情感体验作为基础，引导和帮助学生获得丰富的情感体验，深化学生的思想认识。选取情境时要求选择能够引起学生情感波动的，要符合他们的生活实际与年龄发展特点，在教师的精心设计下，通过情境激发出学生的情感共鸣，引发出他们的思考。情境教学很多时候都选择真实的生活实例，通过多元化的情境开展教学，能让学生更好地体验，从而理解所学内容。

2. 强调教学内容的生动性

创设情境的目的就是为了帮助学生更容易理解教材知识，化抽象为具体，把课程中原本抽象枯燥的理论知识变得生动有趣，让学生从被动地接受知识变成主动地去接受知识，帮助教学完成质的飞跃。在课堂中，教师创设生动有趣的情境，采取多元的情境创设形式，能激发学生的学习兴趣，促进学生由被动接受转变为主动接受学习。在良好的课堂氛围下，也可以让学生在轻松愉悦的课堂中享受知识的学习，缓解学生的学习压力，甚至是一些学生的畏学心理都可以得到一定程度的缓解，在这样的氛围下学习，学生的心理更容易放松，以更好的状态去接受知识。

教师在讲解的时候如果一味采取讲授、灌输的方法，那么就达不到教学目标，这就需要教师利用情境创设把书本中抽象的理论知识具体化、形象化。教学情境的创设有多元化，形式不一，但都更加生动地展示给学生，通过实物、音频、视频等形式把学生带入具体的情境中，能够激发学生学习的兴趣，提高他们参与课堂的积极性。

3. 重视情境创设的生活性

情境教学，是以学生的真实生活情境为依据，用不同的形式呈现具体的教学情境，通过真实的生活情境去激发学生的情感共鸣，更好地引发他们对现实生活的思考。任何有效的知识与技能的获得，都必须让学生亲历一系列的学习活动，去感受和理解这种知识的产生与发展。情境教学正是让学生通过真实体验，去感受和内化知识，教师创设的情境越贴近学生生活，利用学生熟悉的内容，他们自觉参与和吸收的程度就越高，越能让他们最大限度地去接受所学内容。

因此，在进行教学情境时，要求讲究情境的真实性，贴近学生实际的生活情境、学习情境等，给予学生一定的真实感，力求形象真切，具有真实性，让教学内容更具有说服力，让学生更加真切地感受到情境，更好地理解教师所讲的内容。情境教学还要求教师创设的情境要在学生能够认知的范围内，遵循“最近发展区”的原理，从学生所能理解的生活出发，又要高于生活，让学生能够进行反思，能够进行思考和分析，合理设置具体的教学情境。

情境教学的生活性特征，能够让学生有独立解决问题的能力，以学生的生活为创设的依据，离不开学生的生活实际。真实的生活情境，表达真实的情感，才能让教学更具有说服力，让学生去相信教师所讲的内容，激发他们更加积极地去感悟生活中的情感，在思考中加深对知识的理解。

4. 注重教学效果的启发性

情境教学不仅是为了提高学生兴趣，增强教学效果，还强调启发性。教学情境是有内涵、有意义且具有拓展性，能够启发学生的思维。启发性要求在教学中激发学生的学习主体性，引导他们独立思考、积极探索，教会学生分析问题和解决问题，树立求真意识和人文情怀。情境探究不是马上结束，而是要引导学生目标达成与兴趣激发相结合，知识掌握与道德提升相结合，促进学生全面发展。在情境之后，要引导学生通过自己的感受得到对现实生活的启发，获得正确的结论。情境教学要发挥学生的主体地位，激发学生自我思考的能力，帮助学生提升他们发现问题与解决问题的能力。教师要指导学生从进入情境、感受情境、反思情境的学习过程，启发学生思维，激励他们从多角度看问题，并且能够运用到具体的生活情境中来，充分发挥情境的教育能力。

情境教学能够帮助学生利用所学知识去解决生活情境中遇到的实际问题，通过情境的创设，让学生感受到所学习的知识与现实问题的关联，教师通过加强对学生启发，引发他们对现实生活的思考。在不同的课程内容下，能启发学生对自我成长的思考，形成健康积极的生活态度，形成正确的世界观、人生观和价值观。

二、情境教学法的理论依据

（一）建构主义学习理论

建构主义学习理论为情境教学的发展奠定了心理学依据。让·皮亚杰和杰罗姆·布鲁纳的思想对建构主义产生了重大影响。建构主义学习理论强调知识的动态性和情境性，认为知识存在于具体的情境中、可感知的活动中，个体对知识的理解是基于自身的经验背景建构起来的，取决于特定情境下的学习历程。

建构主义学习观强调学习的主动建构性、社会互动性和情境性，强调学习应该与情境结合起来。建构主义认为课堂教学要使用真实的任务和日常的活动，给予学生解决问题的自主权；教师应该刺激学生思维，激励他们解决问题。因此，教师应创设能够激发学生主体性和主动性的教学情境。建构主义理论认为学习过程主要是对新信息的意义的建构，以及对原有经验的改造和重组，反对被动式、死记硬背的学习活动，认为学习要在特定情境下主动建构才有意义。

在教学活动中，教师应注重学生的生活实际，以学生为中心，在实际的教学中开展教学活动。建构主义理论重视学习情境的创设，在具体的教学过程中，创设一定的教学情境，从而激发学生的情感，引导学生去学习和领悟所学知识。在教学过程中，学生是学习的主动建构者，所以教师在教学过程中要以学生为中心，围绕实际创设具体的生活情境，加深学生对所学知识的理解，帮助他们在已有经验的基础上，通过分析、整合，把新学习的知识与旧知识衔接起来，引导学生有意义地建构，促进学生的不断发展。建构主义学习理论为情境教学法奠定了坚实的理论基础。

（二）情境认知与学习理论

情境认知与学习理论有机整合了社会建构主义、心理学与人类学等视角的学习观点，是一个最具有典型代表性的情境理论流派。情境认知与学习理论认为，知识是情境化的，知识的产生、习得以及运用都是在某种特定情境或环境为背景下进行的。该理论认为知与行是交互的，学生掌握的知识与情境紧密联系，知识蕴含在丰富的生活情境中，并在学生的实践行为中得到进步与发展。该理论认为，学习不仅仅是简单的个体思维过程，有效、自然的学习是在学习者所处的或是积极参与的情境中发生的，学习者在特定情境中所获取的知识要比其他的通过说教等方式得来的知识更有力、更有用。强调情感与知识的关系，将教育学与心理学结合起来，认为教学是心理发展和认知活动共同发展的过程，而不是只单纯的关注知识，要让学习者在学习知识的过程中有良好的情感发展，促进认知与情感的双向发展。

情境认知学习理论强调教学基于一定的情境，以学习者为主体，教学联系社会生活，联系人类社会的具体实践，最好是通过真实的场景模拟教学实践，将理论运用到学生的实际中去。

（三）人本主义理论

人本主义强调人的尊严，重视人的创造力以及自我实现，把人的自我实现归结为潜能的发挥。实现人的价值，满足情感体验，激发创造性潜能是人本主义理论的教育目标。人本主义学习理论强调人在学习中的自主地位，强调学习中的情感因素，并试图将情感与认知因素结合起来，关注学生内心发展，强调情感教育，突出学生的主体地位，关注学生的人格特征、情感态度、自我实现以及创造潜能等方面的培养。人本主义学习理论强调教师在教学中，必须充分信任学生，相信学生能够发挥自己的潜能，要尊重学生已有的个人经验，重视学生的感情和意见，为学生着想。

在进行情境教学时，教师要充分尊重学生的主体地位，教师以多种多样的情境创设形式向学生呈现具体的教学情境，不直接灌输知识与给予结论，留出思考空间让学生参与进来，引领学生融入学习情境，让他们在情境中进行自我思考，以学生的情感体验为基础，促使学生主动参与学习，化被动为主动学习，养成自主学习的习惯。遵循“以学生为中心”的原则，选择对学生有生活和实践意义的知识经验为内容，根据具体的教学内容创设不同的教学情境。

三、情境教学法在高中政治教学中的运用策略

新高考背景下高中政治教学思维和理念发生了极大的改变，教师在教学过程中要侧重学生知识的积累及运用，创设教学情境，激发学生学习兴趣，提升学生综合素养。

（一）利用生活实际，关注学生学情

教师在教学中有效设计课堂情境，能激发学生学习政治理论知识的积极性，充分突出学生的核心地位，贯彻落实新课改与素质教育理念。所以，教师开展政治教学时可以组织演讲比赛、辩论活动，或者现场发挥的表演活动等，为学生营造课堂情境，调动学生学习政治知识的主动性，提高学生认知效率。

例如，在教学时，教师在讲解完课堂知识之后，可以引导学生思考课堂相关的实际问题。问题与学生的生活实际相接近，可以与学生共通情感，引发学生自主思考，提升探究能力，让学生在课堂情境中获得学习感悟，使学生正确认识政治知识内涵，提高学生学习效率。

（二）强化学习感受，分层开展教学

教师在政治课堂中，应该为学生构建愉悦的学习环境，使学生产生对政治知识学习的积极性，保持快乐的学习心态。例如，教师要想让学生正确理解、有效区分价值判断与价值选择这两个概念，可以创设情境。学生在课堂情境中梳理思维，可以快速做出决定。通过这种形式帮助学生形成正确价值观，深度理解价值选择与价值判断的概念与内涵。这样，有利于让学生处于愉悦的学习环境中理解政治知识，感悟知识内涵，提高学生对政治知识的探究欲，增强学生的分析判断能力，提升学生解决问题的水平。

（三）渗透课堂教育，潜移默化认知

教师在教学过程中通过向学生传递教材内容体现指导作用。教师将教育性渗透到课堂情境中，确保政治情境的合理性。同时，教师还要组织学生参加研究性课堂活动，推动学生发展思维能力，提升研究能力，帮助学生形成政治素养。

教师在政治课堂渗透教育性，让学生将教学内容与哲学理论进行有效结合并深度掌握，激发学生对政治知识的学习热情，提高学生的学习效率，有利于培养学生的政治素养。

（四）利用多媒体创设教学情境

信息技术在高中政治教学中的应用，在很大程度上改变了传统教学形式，丰富了学生的学习体验。利用多媒体辅助教学能调动学生学习积极性，带给学生更强烈的视觉冲击，将抽象化的理论知识形象化、具体化。通过教学情境的创设，学生能够对本节课内容有比较全面的认知和了解，对知识点有更深刻的认知。多媒体技术的应用使政治知识变得直观，多元化的课堂教学元素能够改善学生对政治学科刻板的印象。教师借助视频、图片等呈现多样化的课堂教学内容，带给学生更直观的体验，引发学生深度思考。

（五）开展角色扮演，强化情境教学成效

新高考背景下对高中政治教学提出更高的要求，要想从根本上提升课堂教学效果，首要任务就是创设良好的教学情境，激发学生学习热情，这样才能促使他们带着更大的热情去学习。教师可以通过角色扮演的形式，创设教学情境，让学生具有更强的代入感，鼓励学生积极参与，彰显学生在课堂中的主体地位。在政治教学中，教师要借助各种教学情境，营造良好的教学氛围。例如，教师可以营造开放的教学情境，为学生提供轻松愉悦的学习氛围，鼓励学生在参与的过程中真正发挥主观能动性。

例如，在教学思想政治“公司的经营”时，教师可以组织学生进行角色扮演活动，班

长担任董事长，所有同学是职员。在角色扮演之前，教师让学生自主查询所扮演角色的职责要求，在公司经营中承担什么工作，模拟一次大会，大家根据角色需要进行简单的发言，要求学生从公司的生产经营、发展等角度，出谋划策，调动学生学习的积极性，同时，培养学生极强的集体荣誉感。

再如，在“民主决策”的教学中，可以引导学生分角色扮演，举办模拟听证会，亲自感受听证会，这样能促使学生对所学知识具有深刻且全面的认知，能强化课堂教学效果。以角色扮演的形式创设情境，能激发学生对政治课程的学习兴趣。

（六）教学过程渗透情境教学

情境教学在高中政治教学中的运用能活跃课堂教学氛围，提升政治课堂教学效率，同时，能够加深学生对知识的理解深度。对于情境教学而言，不只是在教学导入部分，而且还可以渗透到整个教学过程。在导入部分，采用情境教学能充分调动学生的学习热情。在新课讲授阶段，教师要从实际教学内容着手，创设教学情境。在这个阶段，采取的方法可以有小组讨论法、举例法等。例如，在思想政治关于货币的教学过程中，教师需要准备相应的道具，如人民币若干、一本书、一支钢笔等，找两组学生，模拟物物交换，或商品流通过程。学生对教师创设的教学情境具有浓厚的兴趣，乐于参与，并且能够在参与的过程中加深对知识的认知和理解，能够学以致用，进而提升政治素养。

（七）提高法治意识，巧用情境教学模式

1. 结合时事新闻，巧用时政情境

高中政治具有鲜明的时代性，将时政情境作为主要的教学模式，一方面，可以弥补教材中的教学内容延时性的问题，增强学生的法治意识；另一方面，可以有效改变传统课堂中趣味性不足的状况，这足以证明时政情境的重要价值。因此，在培养高中生法治意识的政治教学中，教师可以根据课堂教学的内容，结合时政新闻资源，为学生创设时政情境。在这种教学模式下，学生既能够了解基本的法制常识，也能够在分析时政案例的过程中，形成坚定的法制意识。在政治教学实践中，教师要找准教学内容与时事新闻资源的结合点，选择与法制教学观念相契合的新闻内容，以此创设时政情境。此外，在做好教学储备后，教师要注意以趣味化的形式展现新闻资源，以增强时政情境的生动性，带给高中生积极的学习体验，让他们主动分析和解读时政情境中的法治新闻素材，并树立起知法、用法和懂法的良好意识，最终达成培养学生法制意识的目的。

2. 结合表演互动，巧用演绎情境

传统的政治课堂中，一直存在着课堂活跃性不强、学生参与性不足的问题，这一问题成为困扰政治教学多年的难题，在这种课堂模式下，学生不仅无法增强法制意识，甚至难以扎实地掌握基础政治知识。对此，政治教师可以巧用演绎情境，通过表演活动来增强课堂的活跃性，引导学生根据教材中的法治知识、社会中的法治问题等，编创情节丰富、内容凝练的表演剧本，以生活化的道具和现实生活场景作为支撑，以强化演绎情境的实际效果。

以《全面守法》这一课的教学为例，教师可以引导学生在社会中收集有关遵纪守法的案例或违法乱纪的案例，然后结合教材中的基本理论知识，以小组的形式展开剧本编创活动。教师要鼓励学生勇于在组内表达自己的真实意见，以增强剧本的真实性和丰富性。在此基础上，学生就能够创作出情节生动、主题清晰的剧本，然后在课堂上依据自身的经历，灵活地演绎剧本中的内容。在这一过程中，参与演出的学生能够更加深刻地体会到遵纪守法的重要性，观看演出的学生也能够对教材中的知识产生更为深入的了解，可谓一举两得。通过分析实际的教学案例看出，在演绎情境的过程中，学生的自主性逐渐得到增强，他们能够将自身的生活经历融入表演活动之中，从而在夯实法制理论知识的基础上，进一步增强自身的法制意识。

第四节　高中政治教学中分层教学法的有效运用

分层教学最早出现于美国，在20世纪初，美国涌入了大量的移民儿童，为了使这些教育背景和能力水平各异的儿童能接受普通的教育，教育部门决定这些移民儿童按照能力和以前的学习成绩等分类教学。这种分类与我国教育家孔子提出的因材施教理论类似，同时分层教学旨在教师将理论运用到实践中，最终希望提高教师的教学效率和学生的学习兴趣，因此分层教学在发展过程被证实是有着深厚的理论和实践经验作为支撑的。

一、分层教学的基本内容

分层教学是教师在教学过程中，基于学生客观上存在差别的事实，正视这一差别，善待差别，优化教学组织形式而运用的一种针对性的教育。将学生的共性发展有效地转化为个性发展，把不能同步发展转变为差异发展，体现的是“因材施教”“以人为本”的教育理念。基于此，分层教学是指教师在教学中根据教学内容和学生现有的知识水平和认知能力，有意识的将学生按照能力、潜力以及知识水平分组对待，目的是既使所有学生都能紧跟教学节奏，弥补各自的不足，有效吸收消化所学的知识提高他们的学习兴趣，又能提高教师的教学效率。

二、分层教学的基本特征

分层教学意在让每一个学生在原有的基础上得到更大限度的发展，即让“学困生”向“学优生”转变，“学优生”向“特长生”转变。因此，教师在教学过程中就应该培养和提高学生的非智力因素，努力提供适合学生的学习条件，使学生有所发展。分层教学得到教育工作者的关注并运用到高中政治课堂中也呈现出一些特征。

（一）层次性

虽然每个学生之间都存在差异，但是要在班级内部的组织形式中，顺应全部学生的个体差异施教是不可能实现的。而事实上，个体与个体之间既存在着差异性又具有共通性，因此在教学中，可以将层次类似的学生归结为一个整体，这样做既能够克服不分对象的“一刀切”的弊端，又能够把“因材施教”提高到可操作水平，从而大大提高教学效率。

学生的智能水平是多方面的，在同一层次学生身上也呈现出不均衡的发展表现，这就决定了教育的层次性。因此，面对全体学生，如何准确认识学生的层次性，需要教师更加客观准确地把握每个学生的知识能力层次，基于此，就要考虑在教学中如何有的放矢，扬长避短，尊重学生个性和差异。认识到学生的不足和优势。制定每个学生的进步方案，以兴趣牵头带动整个学生的学习主动性。

（二）差异性

差异性是分层教学最根本的特征，倘若学生之间没有差异，那么运用分层教学就无意义可言。而事实上，由于遗传、环境和个体能动性三个因素的共同作用，学生之间的差异是客观存在的，既包括生理方面的差异，又包括心理方面的差异。在生理发展上，有年龄、性别、外貌等的差异，在心理发展上，有能力、兴趣、爱好、性格、气质、需要、动机、理想、世界观等方面的差异。分层教学就是根据教学对象的个别差异进行的区别教学。

因此，要有选择进行有差异的教学方式，对学生的要求也要区分对待，教学策略也要体现差异化，教师在教学过程中，要以学生为主体，不能根据自己的意愿强行灌输学习内容，根据学生知识结构差异，有重点分主次地进行教学设计和实施。在教学过程中体现差异性，兼顾学生的认知水平和接受能力进行同一教学内容的传授，在各个教学环节中体现分层教学原则，比如有的环节是专门为学困生设计，而有的环节则偏重于学优生、特长生。

这样，便于促进全体学生在德智体、情感态度价值观各方面取得超越原有水平的认知提升。使每个学生都能最大限度地得到提高。

（三）异步发展性

异步发展不是指学生比较意义上的横向差距，而是指不同层次的学生经过培养，在各自原有的水平基础上得到不同程度的提高。由于每一个学生在知识与能力的发展上是不同步的，在思想意识、价值观念上的发展也是不平衡的，因此，分层指导、分类考核以实现异步达标是每一个思想政治课教师在教学中应该具有的教学意识。

异步发展性对教师的要求更高，在教学设计上要求体现教师更多的智慧。付出更多的精力。整体的要求是非同步发展，非同步提高。要善于从学生整体中找到每个学生的兴趣点，以学生个性化差异为前提，体现学生的主体地位，培养学生的主体意识。在施教过程中，将内容结合学生的个体差异反复训练。对于中等学生，要重点培养。中间水平的学生数量最多，而且潜力较大，通过抓中间，带动两边学生的追赶意识和竞争意识。对待优等生要采取灵活多变的方式进行培养，组织竞赛，增强他们的竞争压力，对待差等生，要耐心，给予更多情感上的关注，积极鼓励，强化他们身上的优势，增强他们的自信心和上进心。对待学优生采取严格的高要求，对待学困生正好相反，要逐步提高，对待中等生则要增强忧患意识，但不能盲目求快，要抓准时机进行有力的教育。

最终通过异步发展策略的制定，使每个学生都找到正确的适合自己的学习方法，最后发挥各自的强项，形成整体的竞争局面，并且一直保持良性竞争，使得每个学生都能在自己的能力范围内发挥最大的潜力。

三、分层教学的理论依据

分层教学研究的理论基础是什么，这对研究来说是一个基础性的问题，探讨它关系着教师对分层教学的深入理解和教师是否在实践中合理运用该教学方法并取得良好的教学效果。

（一）多元智能理论

多元智能教学理论基础由霍华德加德纳的多元智能理论发展而来，该理论提出了人的多种智能的具体内容，如语言、逻辑、空间、音乐、运动、人际、自我认知等多元智能，从不同方面展示了人的能力，在评价和教学中，充分考虑学生多元智能因素，予以客观的综合性考虑，突出优势智能，评估方式也要结合学生的优势智能，做出公正客观的评价。在高中政治课当中，积极运用多元智能理论，不论是政治学科还是其他学科，都有值得挖掘的意义。高中学生已经对社会或人生有了一定的理性认识，且政治课是综合了一部分哲学、经济、政治、文化学等的综合性学科，这就可以多方面激发学生的兴趣，比如讲到文化继承与发展，必然会讲到社会科学和艺术方面的表现，如果学生对其中一个方面感兴趣，就会产生学习政治课的兴趣，在作答问题的时候，教师根据可以根据学生的语言方面的智能优势，让其分析答案的层次性，从另一方面又强化了学生语文方面的能力。政治学科的多元性优势也从一定程度上体现了出来。

（二）有效教学理论

有效教学理论作为教育学的重要分支，是理论与实践应用结合的产物。一方面研究教学现象，分析问题，解释教学规律；另一方面也要研究怎样利用规律解决实际教学问题，教育方法和策略，都体现了理论的规范性。该理论总共分为四个阶段，即明了、联合、系统和方法，四个阶段相互联系，不可分割，有效教学理论系统地阐明了获取知识和技能的有效方法，重点研究如何促进学习，有效教学理论实质是研究如何教的问题。有效教学理论包含课程理论，主要研究内容的设计、编制和改革。其形成和发展经历了漫长的教学经验总结、教学思想成熟、到后来的有效教学理论。这一过程也反映了人们对教学活动的认知在不断深化，系统化标志着有效教学理论的完全形成。

（三）差异教学理论

人类进入新世纪后，对教育提出了更高的要求，不顾学生个别差异盲目教学的方式已经逐渐暴露出班级授课制的弊端，多年来为了探讨出更加适应时代的授课模式，教学先后经历了小班化教学，个别化教学等等，整体的研究方向都是促使教学研究转向研究学生个性差异，满足个别学习，促进个体在原有知识水平基础上得到更加充分的发展。因此，在具体实践中，人们总结出了差异教学模式，要求教师不仅要关注学生的求知需求，还要关注知识范围以外的需求，比如情感、团队合作、技能、深入探讨等，很多需求是额外教学需求，教师面对学生的这些成长所提出的需求，应该积极反应，予以重视。相关理论认为，运用差异教学指教师应该改变教学速度，水平或类型，以适应学习者的需要，学习风格和兴趣。

学生具有不同的思维水平，不同思维水平的学生设计出来的教学过程，有利于激发学生的学习兴趣。具有一定深度和广度的教学内容，可以提高学生的思维水平，布鲁姆认为，知识是思维水平当中最低的思维，综合是思维水平当中最高的思维。要求学生在回忆知识的基础上，完成理解、应用、分析、评价和综合的思维过程。这六个环节当中进行差异化评价，反映了差异教学理论的实质。

四、高中政治教学中分层教学法的运用策略

一种新的教学理论或者教学方法总是在根植于课堂实践中，更为重要的是它是否能被应用在高中政治课堂中，一般来讲，其先进性和有效性是重要的因素。分层教学在高中政治课堂中教学作为理论与实践的尝试探索，其最初的目的是提高学生的学习兴趣和使得教师的教学更有效率。当前，有效教学作为学界探讨的问题一直备受教育理论与实践者的关注，因此，在有效教学视野下探讨分层教学在高中思想政治课堂中运用的策略具有重要的价值。

（一）提升教师综合水平

一种教育方法在课堂中得以运用，教育者在教学内容和教育对象之间起着桥梁的作用。因此，教师需要不断的提高自身的专业素养和完善知识体系。

1. 转变教师观念

对于政治“学困生”来说，他们之所以成为学困生是有多种原因的，他们往往有一个共同的特点，就是对政治学科的学习没有兴趣，没有自信心和学习积极性，学习基础薄弱且没有良好的学习习惯。针对这种情况，教师要注重情感投入，深入到他们中去，了解他们的困难，善于发现他们的优点，让他们看到进步，体验成功，树立起自信心。在教学实践中，总是会遇到一些在政治学习方面有困难的学生，导致这些政治“学困生”形成的原因是各不相同的。有些是缺乏天赋，有些是对政治缺乏兴趣，还有一些则是曾经遭受过某种负面的刺激。这就需要我们深入了解每一个学生的不同情况，具体情况具体分析。制定一个切实可行的方案，来帮助学生慢慢对政治学习产生兴趣和动力。

综上所述，分层教学研究尝试为高中政治课堂教学提供有意义的指导。分层教学吸收了以往多种课堂教学方法的优点，而且与其他教学法并不排斥。分层教学体现“以人为本”和“因材施教”的教育思想和教学理念，强调贯彻以学生为中心的原则，充分发挥学生和教师双方的主体性作用，帮助学生更加客观地认识自己、养成良好的学习习惯并获得积极的终身学习的能力。

2. 建构完善的知识结构体系

一般而言，教师的知识结构主要由专业知识和教育学知识两个部分构成，在具体的教学实践中，两者缺一不可，高中政治教学有着其独特教学规律与特点，在对教师的要求也和别的专业有所区别。

（1）教师的政治专业知识必须扎实，对于经济、政治、文化、哲学都要表现出专业的水准，这样才能在课堂教学实践中厚积薄发，更容易树立教师的权威，取得学生的信任。

（2）教师要对政治教学理论，教育心理学等相关知识加强学习，善于对典型进行经验总结和归纳，为后面的教学指导策略提供经验。在今后面对新的教学对象和教学条件时，能够使教学最大限度地发生正迁移。无论是主体性的政治专业知识积累薄弱，还是条件性的知识的教育理论欠缺，分层教学在高中政治课中运用的有效性受到影响甚至完全无法开展，因此，教师要不断的提升自己的政治专业水准和学习教育理论，建构和完善教师个人知识结构体系。

3. 强化教学理性反思与自觉实践

教学反思一直以来是教师在教学实践过程中提高个人业务水平的一种有效手段。分层教学作为一种有效教学视野下探索性的教学实践与研究，更要求教师要对自己的教学理念、教学方法和教学实践进行持续、积极、自觉和深入的再思考和再认识，总结教学经验教训，从而进一步提高自身教育教学水平。具体而言，教师要善于在教学过程中，针对不同水平层面、不同特点的学生评估与分层依据、学生个体学习的适应性和有效性，以及具体个案呈现出的规律性和特殊性加强教学理性反思并进行自觉实践，积累和优化分层等方面的经验。不断完善和提升自己的政治课堂教学水平。

教师通过对高中政治课分层教学实践进行理性反思和自觉实践，不仅可以深化教师对教学的理性认识，进行合理的批判、思考、分析，追寻其背后的理论支撑和教育价值取向，还有利于教师真正走近学生、了解学生、从学生中来到学生中去。只有这样，教师才能真正认识、理解教学存在的问题，思考教学实践的重要性，真正明确并自觉承担起自己教书育人的专业责任和教育职责。由此可见，加强教学理性反思与自觉实践是有效实运用大学分层教学的动力源泉。

（二）构建科学的分层教学方法

在科学的教育教学理论指导下，结合学校实际情况明确高中思想政治课教师实施分层教学的原则十分必要。思想政治课教师实施分层教学应确立科学合理的方法。

1. 准备阶段，运用系统分析法

教师在实施分层教学准备阶段，不仅要对学习内容、教学目标等分层，而且要将教学内容、教学目标等要素有机地统一起来，系统地分析各个要素之间的特点。

例如，在教授有关“商品”的知识点时，如果仅仅对教学内容分层，对于能力较强的学生要求就是要掌握商品这一知识点的基础知识，比如商品的产生是人类社会发展到一定阶段的产物，商品的含义是用于交换的劳动产品，以及基本属性是使用价值和价值两个方面。商品交换的实质是商品生产者之间的劳动交换，而在这个过程中，对于基础知识的掌握，“学优生”就是了解性认知，而对于“学困生”，就是强化记忆认知。

这里所说的多元智能理论体现在“学优生”对知识掌握的过程，就是对商品这一知识点系统的构建，教师在分层教学实施过程中，要有意识地训练学生宏观、系统把握知识框架的能力，也就是系统分层的能力，只有形成了系统分层和总结归纳能力，才能思路清晰，再多加训练，就能提升学生逻辑思维能力。在答案组织中，语言更加富有逻辑性，而针对“学困生”学生的智能训练，就体现在记忆技巧的训练当中。

适当对商品知识点这一知识体系中的某个点加以深化，比如对使用价值和价值的比较，价值的概念相对抽象，是凝结在商品中的无差别的人类劳动。这时，教师要训练学生的观察、思考能力，让学生逐字逐句去解读这一概念，学生会发现，价值是更为抽象的概念，而且这个抽象是通过凝结这一词语体现出来，而且是无差别的，也就是等价交换的原则。以这个知识点的深化为核心，让学生掌握记忆技巧，以点及面达到知识梳理贯通的能力。可见，分层教学准备阶段要运用系统分析的方法去使学生的智能得到提升，最终形成学科思维。

2. 运用阶段，实施针对性教学法

教师在对学生进行合理准备阶段后，实施针对性教学指导学生学习就有了较为充分的依据。具体的分层教学主要分为两个部分：①根据初始水平和学科政治教学内容的不同阶段，对每个水平的学生出现的共性问题在课堂上集中讲解，在学生的学习的目标、学习策略、学习资料等方面提供指导，一般遵循“隐形分层”（不会将学生明确分组、分班、分别讲授等）、从宏观到具体、从低水平到高水平的教学原则和教授顺序，尊重学生的隐私与自尊，促进学生共同进步；②课后针对每个水平层不同学生各自的具体问题再给予具体的指导。教授要清楚地了解学生的知识背景、学习动机、学习方法等哪些方面出了问题和具体出了什么问题，然后根据每个学生的学习风格来呈现学习内容、确定学习目标、选择教学策略，只有这样才能促进学生的有效学习。

从教的层次而言，高中思想政治课堂分层是一种立足于最近发展区的教学理论的教学。教师要成功的运用针对性教学，必须设法搞清楚哪些教学内容属于最近发展区的问题，是需要教师的指导和同伴的帮助才能掌握的内容。尤其要强调的是，教师对学生学习策略指导的主要目标是要改变学生对自己学习能力的看法和态度，让他们明白高中思想政治课学习不够理想的原因并不是用功不够或者学习能力差，而主要缺乏有效的学习方法与策略。在教学实践中，教师需要向学生解释学科政治策略，并说明运用该策略进行学习的益处和预期效果。

教师要不断提醒和鼓励学生在课堂和课后阅读训练中使用所学策略，并及时给予他们正向评价和鼓励，让学生体会学习进步的喜悦和成就感，激发学生的学习动机，调动他们的学习积极性，引导他们主动参与并全身心投入到学习活动中。此外，教师要对学生有充分的信任和期望，具体体现在针对学生具体学习问题课堂讲授之后要布置一定难度的学习任务让其独立完成以促进每个学生的发展；同时，教师要给学生一定的学习自主权，让他们充分挖掘和展现自己的学习潜能。

3. 评价阶段，遵循多重评价和动态性原则

人的发展是一个动态变化的过程，高中政治课本身难易程度也不一样，因此，分层教学也不应该固化，分层教学要针对各个时期学生不同特点和心理变化实施分层教学，形成分层递进的教学策略，在教学评价中，也应该着眼长远，以发展的眼光看待学生的优秀和不足，进行激励性动态多元评价。

分层教学的评价机制，要多方位考虑，重点把握，尽可能地发挥人的天性，在发展过程中，才能尽可能多维度地看到人的优点和不足，这样，分层教学的评价机制就会趋于完善，评价机制要专门建立智力性因素的完整评价机制，更要建立智力性因素的评价机制，同时把握动态评价机制的检测，收集多种资源数据，支撑更加系统的评价机制的建立。评价的主体和客体之间也要有互动反馈，建立一个具有建设性的评价体制。评价机制的建立，要充分考虑到对学生错误的包容和科学分析之上。通过不断的反馈，制定方案，调整措施，为学生建立一个良好的成长环境。同时利用网络教学，借助现代化手段，将评价机制纳入大数据体系，通过数据的对比，得出分层教学评价机制建立的客观真实性。将分层教学评价机制纳入到现代化高科技的发展轨道。

双重评价标准，即以分数和非智力性因素为评价的两个维度。在分数评价标准当中，要以学生自身成绩变化轨迹来评价，避免学生之间的比较，在学生个体身上，也要从智力型因素和非智力型因素两个标准去评价，建立动态评价机制，这主要是基于学生发展的动态趋势，因此，应该倾向于建立阶段性动态评价，同时，在评价过程中，不是学生被动地接受评价，而是一个互动双向的有反馈的评价。提倡学生自我评价，充分考虑多方面价值在评价中的作用，注重评价的灵活性，总的原则是在保护学生自尊的前提下进行评价，而且结果能科学反应学生的学习情况，以为教学实施提供参考。

（三）营造分层教学实施的良好环境

分层教学能够在高中政治课堂中得到科学、合理的运用，除了取决于教师的综合素质，

还要取决于外部环境，如教师的教学氛围，对教师教学的激励、评价机制等等。

1. 营造分层教学氛围

促进思想政治课教师有效实施分层教学，必须要制定和完善相关教育政策，把思想政治课分层教学的实施纳入到新课程改革的总体规划之中，通过政策来保证思想政治课分层教学的实施工作得到落实。

（1）在政策上应当保证思想政治课足够的课时，只有这样才能保证思想政治课教师顺利实施分层教学。

（2）应当赋予思想政治课教师必要的专业自主权，使思想政治课教师实施分层教学没有后顾之忧。教育行政部门要支持与鼓励思想政治课教师充分发挥其在教学活动中的主导作用，支持与鼓励教师开展分层教学自主实践，创新分层教学组织形式。

（3）学校要加大现代教育技术设备的投入，提高思想政治课教师对现代教育技术的运用程度。

2. 建立教师激励机制

新时代需要高质量，综合性强的人才，政治课的重要性对于教育理念现代化，起着非常大的促进作用，而教师的主观能动性的发挥，很大程度上决定了分层教学实施的力度和效果。因此，在分层教学实施过程中，要积极鼓励政治课教师主动采用分层教学，要从物质和情感的双重考量建立教师激励机制，配合教师顺利开展政治教育工作，除了教师现有的福利待遇，政府应该更加提升教师的待遇，加大对教师技能培养的力度，丰富教师的课余生活，满足教师的文化娱乐需要。通过各种措施，激发教师分层教学的热情，可以通过达标的形式，给予分层教学的学科带头人以物质和精神上的鼓励。

同时，高中课程任务重，社会各界要体察教师的工作辛苦，为教师解决一些实际的问题。比如身体锻炼、体检、旅游等方面，要加强福利给予切实关注。用实际行动带动全社会尊重教师，宣传教师成果，树立人民教师的光辉形象，以激发教师积极践行先进教学理念的动力和信心。

3. 完善分层教学的评价机制

新一轮课改指出，要贯彻落实学科核心素养教育，继续深入推进新课程改革。

（1）教育主管部门要走出应试教育的模式，摒弃唯分数论的传统应试教育的考评指标，建立与新课程改革理念相适应的科学评价标准。

（2）建立健全教师分层教学实施多方面评价制度。学校应贯彻落实素质教育，继续深入推进新课程改革。教育主管部门要走出应试教育的模式，摒弃唯分数论的传统应试教育的考评指标，建立与新课程改革理念相适应的科学评价标准。

（3）学生参与分层教学实施评价机制的建立至关重要。实施分层教学的最终目的是促进学生的个性发展和全面发展，学生是分层教学活动的参与者和见证者，对思想政治课教师实施分层教学效果的评价是最具说服力的。因此，学校应当建立学生参与分层教学实施评价机制，可以通过制定科学的分层教学实施效果的评价表，定期让学生对教师实施分层教学的情况进行评价来实现。

参考文献

[1] 常亚斌 . 浅谈初中政治教学中如何运用好时事热点 [J]. 才智，2020（09）：70.

[2] 陈建文 . 基于文化自信教育的高中政治教学策略 [J]. 亚太教育，2022（19）：10–12.

[3] 陈炜琦 . 案例教学法在初中道德与法治课中的运用探索 [J]. 法制博览，2020（01）：230.

[4] 杜寅 . 情境教学法在高中政治教学中的运用措施研究 [J]. 数据，2021（Z1）：84–86.

[5] 方拥香，陈春芳 . 高中政治议题式翻转课堂教学创新研究 [J]. 教学与管理，2022（16）：35–39.

[6] 顾娜丽 . 大中小学思政课案例教学法的实践路向探析 [J]. 山西青年职业学院学报，2022，35（01）：100.

[7] 何文珍 . 问题教学法在高中思想政治教学中的运用策略分析 [J]. 考试周刊，2021（08）：139–140.

[8] 黄木跃 . 时事热点在初中政治教学中的运用 [J]. 华夏教师，2019（09）：30.

[9] 江春明 . 思想政治理论课“引导探究式”教学探讨 [J]. 安徽工业大学学报（社会科学版），2019，36（01）：80–81+84.

[10] 居芳 . 试论构建高效初中政治课堂的途径 [J]. 传播力研究，2018，2（31）：204.

[11] 乐庆庆 . 课堂激励在初中道德与法治教学中的应用研究 [D]. 重庆：重庆三峡学院，2023，11.

[12] 李宏伟 . 初中政治课堂中引入时政教学的几点思考 [J]. 华夏教师，2016（03）：37.

[13] 李雪 . 翻转课堂理念及其对高中思想政治课教学改革的启示 [J]. 内江科技，2019，40（07）：148–149.

[14] 林雪城 . 初中道德与法治美育融合教学探析 [J]. 福建教育学院学报，2022，23（09）：3–5.

[15] 刘小菁，贾华荣 . 劳动教育体系的多维开发 [J]. 中学政治教学参考，2023（02）：

71.

[16] 陆全贵，刘桂珍 . 核心素养背景下的学案导学 [J]. 中学政治教学参考，2018（31）：25–26.

[17] 马国文 . 中小学道德与法治教学中开展劳动教育策略研究 [J]. 国家通用语言文字教学与研究，2023（04）：61–63.

[18] 蒙俊霖 . 基于核心素养的思想政治学科探究式教学运用研究 [J]. 邢台职业技术学院学报，2017，34（04）：16–21.

[19] 米利花 . 论如何创设高效试卷讲评课堂 [J]. 学周刊，2022，10（10）：185–187.

[20] 彭泳力，戴家芳 . 翻转课堂教学模式在高中政治课中的实践与思考 [J]. 教育观察，2018，7（12）：131–133.

[21] 邱思雨 . 网络时代下优化集体主义教育路径研究 [J]. 现代商贸工业，2023，44（04）：194–195.

[22] 石秀媛 . 浅析高中思政课堂中创设情境教学的应用与策略 [J]. 华夏教师，2022（22）：92–93.

[23] 孙平 . 初中政治渗透时事政治与案例教学的研究 [J]. 才智，2019（25）：164.

[24] 孙文桥 . 翻转课堂在高中政治课堂教学中的应用 [J]. 西部素质教育，2019，5（20）：107+109.

[25] 王东光 . 合作学习法在初中思想政治教学中的应用 [J]. 西部素质教育，2016，2（23）：251.

[26] 王红英 . 初中道德与法治与美育深度结合的实践 [J]. 亚太教育，2023（08）：181–184.

[27] 王基家，胡友 . 情境式教学法在高中思想政治课堂教学中的应用 [J]. 黄冈师范学院学报，2023，43（01）：60–64+75.

[28] 王婷 . 时事热点在初中政治教学中的运用研究 [J]. 华夏教师，2019（30）：68.

[29] 王燕尔 . 初中道德与法治教学中的兴趣教学法探究 [J]. 科教导刊（上旬刊），2020（16）：134–135.

[30] 王志红 . 学案导学法在高中政治教学中的应用 [J]. 西部素质教育，2019，5（02）：233.

[31] 吴海龙，程刚 . 论高校劳动教育体系的构建 [J]. 高校辅导员学刊，2022，14（06）：65.

[32] 夏相琴 . 浅谈新课改下高中政治课堂教学策略的有效性 [J]. 农家参谋，2018（22）：

153.

[33] 徐倩芸 . 对高中思想政治活动型课堂的探索 [J]. 长江丛刊，2020（17）：186–187.

[34] 于佳 . 分层教学法在高中政治教学中的应用探究 [J]. 科学咨询（教育科研），2018（07）：121.

[35] 张福全 . 学案导学模式在高中政治课堂中的运用 [J]. 教学与管理，2012（21）：144–145.

[36] 张霜，刘帅 . 高中思想政治课学案导学法探究 [J]. 教育与教学研究，2014，28（02）：100–103.

[37] 张长亮 . 学案导学法在高中政治教学中的运用 [J]. 西部素质教育，2017，3（21）：222.

[38] 赵李叶 . 思想政治理论课探究式教学"问题情境创设"的逻辑与实现 [J]. 思想政治教育研究，2023，39（01）：104–109.